KB120063

엠비션

엠비션

당신은 꿈을 이루기 위해 무엇을 바쳤는가?

초 판 1쇄 2024년 07월 16일

지은이 노형섭
펴낸이 류종렬

펴낸곳 미다스북스
본부장 임종익
편집장 이다경, 김가영
디자인 임인영, 윤가희
책임진행 안채원, 이예나, 김요섭

등록 2001년 3월 21일 제2001-000040호
주소 서울시 마포구 양화로 133 서교타워 711호
전화 02) 322-7802~3
팩스 02) 6007-1845
블로그 http://blog.naver.com/midasbooks
전자주소 midasbooks@hanmail.net
페이스북 https://www.facebook.com/midasbooks425
인스타그램 https://www.instagram.com/midasbooks

ISBN 979-11-6910-731-0 03190

값 19,000원

엠비션

노형섭 지음

미다스북스

Chapter 3

성공을 가로막는 핑계에서 벗어나라

Chapter 4

불편해? 불편하면 자세를 고쳐 앉아!

A m b i t i o n

Chapter 5

내면의 자신을 인식하라

Chapter 6

내 모습이 역겨워지는 순간, 이제 변해야 할 때다

A m b i t i o n

Chapter 7

마지막까지 방심하지 마라

Chapter 8

투자 성공을 위한 만고불변의 진리는 없다

서문

> “삶에서 원하는 걸 쟁취하는 가장 좋은 방법은 원하는 걸 받을 만한 자격을 갖추는 것이다. 받을 자격이 없는 사람들에게 마구잡이로 보상을 줄 정도로 세상이 그렇게 망가지지 않았다.”

사실 이 책을 쓰게 된 계기는 가까운 사람들의 끊임없는 고민 상담 때문이었다. 같은 출발선에서 시작했지만, 어느 순간 그들과의 격차가 하늘과 땅 차이로 벌어진 것을 보고 많은 이들이 성공의 비결을 캐묻기 시작했다. 마치 무협지의 고수가 전수하는 비법이라도 기대하는 양, 그들은 성공의 비밀을 알고 싶어 했다.

하지만 그 격차는 한순간에 생긴 것이 아니다. 그것은 무수한 시간과 피땀 어린 노력이 쌓여 만들어진 결과다. 끊임없이 노력하고 자신의 능력을 키우기 위해 시간을 갈아 넣는 것이 중요하다고 말해 주고 싶다. 소설에나 나오는 무림 고수의 비법서가 따로 있는 게 아니다. 만일 아직까지 그런 것이 존재한다고 생각한다면 당신은 중세 시대의 연금술사와 다를 것이 없다. 아무도 보지 않는 곳에서 자기 자신과의 싸움, 즉 한계를 뛰어넘는 투쟁과 노력만이 성공의 유일한 열쇠다.

수없이 같은 질문을 받으면서 깨달은 것이 있다. 담배가 몸에 해롭고 도박이 패가망신의 길이라는 것을 알면서도 많은 사람들이 여전히 그것을 끊지 못하듯 대부분의 사람은 성공의 시스템을 알면서도 결코 변하지 않는다는 것이다. 바로 이 점 때문에 이 책을 쓰게 되었다. 더 많은 사람들에게 이 냉혹한 진실을 알리고 그들이 자신의 삶에서 성공을 쟁취하도록 돕고자 한다.

성공은 운이나 마법 같은 비법으로 이루어지지 않는다. 그것은 체계적이고 지속적인 노력 그리고 자신을 끊임없이 발전시키려는 불굴의 의지에서 비롯된다. 이 책을 통해 여러분이 자신의 잠재력을 폭발시키고 원하는 목표를 단호히 성취하는 데 필요한 지식과 동기를 얻길 바란다.

우리는 모두 각자의 길을 걷고 있다. 그 길에서 어떻게 싸우고 나아가느냐에 따라 결과는 완전히 달라질 것이다. 이 책이 여러분의 길을 밝히는 불꽃이 되기를 희망한다. 피와 땀 그리고 집념으로 꿈을 이루는 여정에서 이 책이 여러분의 강력한 무기가 되기를 바란다.

Chapter 1

자신의 열등감을 자랑스럽게 여겨라

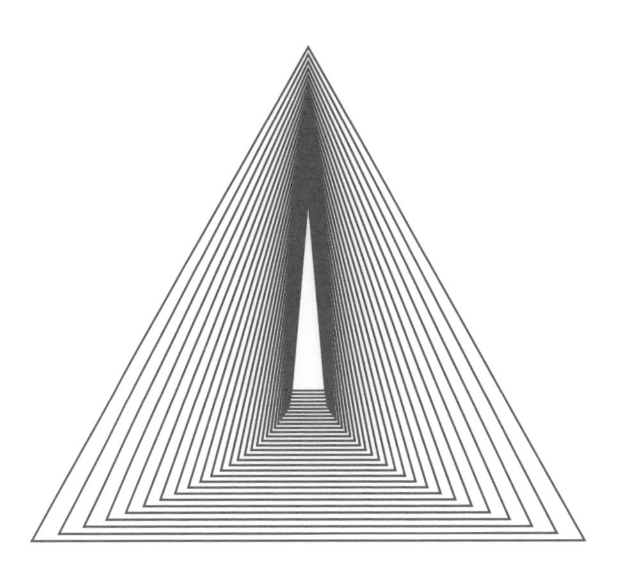

A m b i t i o n

A m b i t i o n

자신의 약점을 인정하고, 그것을 극복하려는 의지가 진정한 야망의 시작이다. 열등감은 우리가 더 높이 도약하게 만드는 발판이 될 수 있다. 자신의 열등감을 자랑스럽게 여길 때, 우리는 더 큰 포부를 품고 나아갈 수 있다.

1

성공의 근원에는 열등감이 자리 잡고 있다

자격지심(自激之心)
: 자신이 남보다 못하다는 느낌에서 비롯된 열등감

자격지심이라는 말은 익히 들어서 다들 알 것이다. 어릴 적, 나는 자격지심에 시달리며 자라났다. 이 감정은 내 마음 깊은 곳에 뿌리를 내리고 나를 끊임없이 괴롭혔다.

어린 시절을 돌이켜 보면 열등감이 항상 가득했다. 알코올 중독자였던 우리 아버지는 술만 취하면 나와 어머니를 때렸으며 제대로 된 일조차 하지 않는 한량이었다. 그러다가 어머니는 아버지와 이혼하시고 집을 떠나셨다. 아버지는 내가 초등학교 2학년 때 갑자기 황달 증세가 심해지더니 입원한 당일에 돌아가셨다. 어린 나이에 아버지를 잃어 슬펐지만 더 이상 아버지에게 맞을 일이 없겠다는 생각이 더 컸던 것 같다. 아버지를 잃고 나서 한동안 우울과 외로움에 빠져 있었다. 그래서 외로움을 티 내지 않기 위해 더 밝게 보이려고 했었다. 밝아 보이려고 일부러 동네 친구들과 장난도 많이 치고 다녔는데 그때마다 들었던 말,

"아버지 없어서 저렇다."는 말.

그것이 나의 열등감의 시작인 것 같다.

나에겐 아버지는 없었지만 아버지 같은 삼촌이 계셨다. 삼촌은 내 아버지보다 나를 더 아들처럼 챙겨 주고 사랑해 주셨다. 하지만 그 삼촌도 내가 초등학교 4학년 때 동거하던 여자친구에게 (당시 나는 숙모라고 불렀다) 비참하게 살해당하셨다. 삼촌이 돌아가시기 전날 나와 같이 있었는데 그 모습이 아직도 생생하게 기억난다. 삼촌이 허망하게 떠나고 삼촌의 장례식 날, 고모는 나에게 삼촌이 돌아가셨는데 눈물 한 번 안 흘린다고 질책하셨다. 눈물을 흘리지 않기로 마음먹고 꾹 참고 있었는데 그 질책이 나를 더 아프게 만들었다. 어린 나이에 그런 경험을 겪다 보니 더욱 우울감에 빠져 지냈지만 이겨 내려고 더 밝게 행동했다. 지금 생각해 보면 다른 사람들에게 슬프다는 모습을 보여 주기 싫었던 게 더 컸던 것 같다. 할머니가 나를 애지중지 키우셨고 이혼하신 어머니도 가끔 나를 찾아오셨다.

초등학교를 졸업하고 대구 시내에 있는 학교로 입학하게 되었다. 이제 학교도 멀어져서 학교까지 가려면 버스 정류장까지 40분을 걸어가고, 버스를 2시간 타고 가야 했다. 시골에 살다 보니 학교 아이들에게 나는 시골티가 좔좔 흐르는 촌놈으로 보였나 보다. 한번은 옆자리에 있던 여자아이가 머리도 안 감고 이도 안 닦냐며 나를 부끄럽게 하였는데 나는 그때까지 매일 머리를 감고 이를 닦아야 하는 것인지 몰랐다. 얼굴이 화끈거렸다.

시간이 흘러 어머니가 나를 키우겠다고 데려오셨고 시골에서 대구 시내로 나오게 되었다. 어머니는 나를 홀로 키우시느라 하루도 쉬지 않고 일터에 나가셨는데 그때마다 나는 혼자였고, 어머니의 희생도 모른 채 철없이 세상에서 내가 가장 불쌍하다고 느꼈었다. 집에서 할 거라곤 게임밖에 없었고 생각해 보면 인생에서 가장 미친 듯이 게임에 몰두한 시기였다.

그 어린 나이에도 성공에 대한 야망이 컸었다. 나를 무시했던 사람들의 코를 납작하게 해 주겠다는 복수심이 가득했지만 그때는 철이 없었고 단순무식해서 게임을 열심히 해 게임 내의 유저들을 이기는 것에 나의 열정과 복수심을 불태웠었다. 게임만 하고 있으니 당연히 성적이 좋을 리 없었고 그 성적을 가지고 실업계 고등학교로 진학하게 되었다.

고등학교 때는 성공이란 것이 단순히 친구들 사이에서 서열이 높아지는 것이라고 착각했다. 그래서 서열이 높은 친구들과 어울리기 시작하면서 학교도 잘 안 갔다. 어머니가 나에게 못 해 준 것도 없었고 뭐가 아쉬워서 그랬는지 모르겠지만 반항심도 굉장히 많았고 가출도 밥 먹듯이 했다. 고등학교 생활기록부를 보면 무단결석이 굉장히 많다. 그때는 그게 내 인생의 행복이라 생각하고 그 친구들과 어울리는 게 세상의 전부라고 여겼다.

그러나 그 시절은 내 인생에서 가장 어리석은 시기였다. 고등학교를 졸업하고 나서야 비로소 현실의 냉혹함을 깨닫게 되었다.

2

▼
▼
▼

서열이 바뀌는 순간,
기회는 찾아온다

마부작침(磨斧作針)
: 도끼를 갈아서 바늘로 만든다

마부작침이란 고사성어를 아는가? 이 고사는 중국 당나라 시대로 거슬러 올라간다. 당시 유명한 시인 이백(李白)은 학문에 대한 의욕이 떨어져 공부를 중단하고 방황하던 중이었다. 어느 날 그는 우연히 길을 걷다가 한 노파를 만났다. 노파는 큰 도끼를 갈고 있었고, 이백은 그녀에게 무엇을 하고 있는지 물었다. 노파는 도끼를 갈아서 바늘을 만들겠다고 대답했다. 이백은 그 말에 놀라며 어떻게 큰 도끼를 바늘로 만들 수 있겠냐고 반문했지만, 노파는 인내와 끈기만 있으면 무엇이든 할 수 있다고 답했다. 이백은 이 말을 듣고 큰 깨달음을 얻어 다시 학문에 매진하게 되었고, 결국 위대한 시인이 되었다.

고등학교 졸업 후, 고등학교 시절 휴대폰 판매점 아르바이트 경험을 바탕으로 통신사에 취업하게 되었다. 철저하게 성과로 보일 수밖에 없는 사회. 그곳에서의 사회생활은 나에게 학창 시절과 친구와의 서열은 아무런 쓸모가 없음을 깨닫게 했다. 사회에서의 서열은 결국 누가 더 많은 성과를 내는가에 의해 결정되었다. 이 사실을 깨달은 나는 회사에서의 입신양명이 내 성공의 척도라고 생각하게 되었다.

그 이후로 나는 누구보다 열심히, 마치 미친 사람처럼 일했다. 다른 통신사 직원이 하루에 한 개를 팔았는데 내가 못 팔았다면 나는 퇴근하지 않고 새벽까지 매장을 지켰다. 모두가 퇴근한 어느 날 새벽 매장을 지키는데 취객이 들어왔다. 나는 어떻게 해서든 성과를 내기 위해 그 취객에게까지 휴대폰을 팔 정도로 열정적이었다. 다음 날 아침, 그 취객의 아내가 매장에 찾아와 술 취한 사람에게 휴대폰을 팔았다고 따졌다. 하지만 나에게는 그 아내를 설득해 돌려보내는 것이 어려운 일이 아니었다.

사회생활을 통해 나는 사회에서 성공하기 위해서는 끊임없는 노력과 성과가 필요하다는 것을 몸소 체험하게 되었다. 성과를 위해서라면 어떤 상황에서도 포기하지 않고 최선을 다하는 것이 중요했다. 나는 항상 더 높은 목표를 세우고 그것을 이루기 위해 노력했다. 이런 자세 덕분에 나는 통신사에서 빠르게 인정받았고 성과를 통해 자신의 가치를 증명할 수 있었다.

사회는 냉혹했다. 하지만 그 속에서 나는 성장했고 더 강해졌다. 학창 시절의 친구들, 서열 따위는 잊힌 지 오래였다. 이제 내 앞에 놓인 것은 오직 성과와 목표뿐이었다. 그리고 나는 그것을 이루기 위해 누구보다도 치열하게 살았다.

드디어 내 인생의 가장 지루한 시기. 나이가 차서 남들 다 가는 군대에 가게 되었지만 그곳에서도 나는 입신양명에 대한 열망을 떨쳐 낼 수 없었다. 하루빨리 전역해서 일하고 싶은 마음에 미칠 지경이었다. 군 생활은 마치 내 꿈과 목표를 잠시 멈추게 하는 것처럼 느껴졌고, 나는 그 시간을 최대한 효율적으로 활용할 방법을 찾고 있었다.

군 복무 중에도 나는 항상 어떻게 하면 전역 후의 삶을 더 나은 방향으로 이끌 수 있을지 고민했다. 전역 후 바로 회사의 실전 업무에 투입될 수 있도록 준비하는 것이 내가 할 수 있는 최선의 선택이라고 생각했다. 그래서 전역 직전에 미리 회사에 가서 일하는 것이 오히려 나에게 큰 도움이 될 것이라고 확신했다.

그 이유로 나는 휴가를 잔뜩 모아 전역 직전에 몰아서 쓰기로 결심했다. 회사 입사가 확정되지 않은 상태에서도 나는 미리 회사를 찾아가 무급으로 50일간 일할 계획을 세웠다. 전역하기 전이라 정식 직원이 아니었기 때문에 급여를 받을 수 없었지만 나는 이를 대수롭게 생각하지 않았다.

나는 정말 세상 그 누구보다 열심히 일했다. 무급으로 일하는 동안에도 나는 맡은 바 업무를 완벽하게 해내기 위해 최선을 다했다. 새로운 것을 배우고 업무에 익숙해지며 실무 능력을 키우는 데 집중했다. 회사 동료들은 나의 열정과 성실함을 보고 놀라워했지만 역설적이게도 너무 앞서 나가서 나를 시샘했었다.

준비와 노력이 얼마나 중요한지 다시 한번 깨달았다. 미리 가서 배우는 것이 결코 헛된 시간이 아니었음을 몸소 느꼈다. 오히려 그 시간은 나에게 큰 자산이 되었고 회사에서도 나의 가치를 인정받을 수 있는 계기가 되었다.

군대에서의 긴 지루함은 나를 달아오르게 만들었고, 전역 후의 목표를 이루기 위한 중요한 발판이 되었다. 나는 그 누구보다도 치열하게 살았고 그 덕분에 더 나은 미래를 위해 한 걸음 더 나아갈 수 있었다. 이 경험은 앞으로의 삶에서도 나에게 큰 교훈이 되었고 어떠한 상황에서도 포기하지 않고 인내하며 최선을 다하는 자세를 갖게 해 주었다.

정식으로 입사한 나는 마치 날개 달린 호랑이처럼 내 모든 시간을 회사에 쏟아부었다. 회사에 입사하자마자 얼마 안 있어 전국 1등의 자리에 올랐고, 퇴사 전까지 그 자리를 유지했다. 그 과정에서 얼마나 많은 노력을 기울였는지 쉽게 상상할 수 있을 것이다. 나는 주말조차 아깝게 느껴져 전단지를 미리 테이프로 붙여 가방에 넣어 두고, 동네 아파트를 돌아다니며 붙이고 다녔다. 365일 중에 설과 추석 연휴를 제외하고는 무조건 출근했는데 자연스럽게 성과가 나올 수밖에 없었다. 회사에서 인정받으며 나는 내 인생의 가장 황금기를 살고 있다고 생각했다. 하지만 그것은 내 착각이었다.

3

▼
▼
▼

회사의 소모품에서 비트코인 도박꾼으로

동상이몽(同床異夢)
: 겉으로는 같이 행동하면서도, 속으로는 각각 딴생각을 함

이 본문에서 표현할 만한 고사성어 중 생각난 것이 동상이몽(同床異夢)이다.

회사는 일을 잘한다고 해서 승승장구하는 곳이 아니었다. 내가 빠지면 조직의 성과는 자연스럽게 줄어들기 마련이었다. 그래서 회사는 나를 승진시키기보다는 입에 발린 말로 나를 그 자리에 계속 남아 있도록 했다.

나는 소모품에 불과했던 것이다.

2년, 3년의 시간이 흘러가면서 최선을 다하는 것만이 회사에서 성공하는 것과는 거리가 멀다는 것을 알게 됐다. 그러나 이미 내 시간과 열정을 이 회사에 다 쏟아부었고, 너무 멀리 와 버렸기에 돌이킬 수 없었다.

그러던 중 내 인생 최고의 골짜기로 떨어지는 상황이 찾아왔다. 시작은 비트코인이었다. 2017년 어느 날, 한 손님이 비트코인으로 큰 돈을 벌었다는 이야기를 들었다. 그때까지 나는 투자라고는 해 본 적이 없었다. 하지만 회사에서 이미 이용만 당하고 있다고 느꼈던 나는 비트코인이라는 신기루에 나아가지 않을 수 없었다. 그 당시 비트코인은 사자마자 가격이 오르던 시기였고 나는 자신이 투자를 잘한다고 착각했다. 그땐 정말 제정신이 아니었다고밖에 표현할 길이 없다.

회사에 출근하면 화장실에 가서 휴대폰으로 코인 매매를 하고, 저녁에 퇴근해서도 집에서 코인만 들여다보았다. 내 모든 정신과 에너지는 비트코인에 쏠려 있었고 나는 매일 시세를 확인하며 흥분과 불안에 휩싸였다. 그때의 내 정신 상태는 마약중독자와 다를 바 없었다. 나는 오로지 비트코인의 상승과 하락에만 집중하며 하루하루를 낭비했다.

처음에는 꽤 큰 돈을 벌었다. 사실 수익이 나지 않았다면 시간을 낭비하지 않았을 것이다. 매번 투자할 때마다 수익이 생기는 것을 보며 나는 마치 세상을 다 가진 기분이었다. 그러다 보니 빚이란 빚은 다 지고 심지어 카드론까지 사용하여 비트코인에 투자했다. 회사 일에는 점점 소홀해졌고, 이젠 노력이 아니라 노름. 즉 비트코인 매매가 내 삶의 중심이 되었다. 하지만 행복감은 오래가지 않았다. 비트코인의 변동성은 상상을 초월했고 어느 순간부터 나는 손해를 보기 시작했다. 충격적인 급격한 하락에 나는 패닉 상태에 빠질 수밖에 없었다.

손실을 막기 위해 빚이란 빚은 다 지고, 끌어올 수 있었던 돈이란 돈은 다 끌어왔다. 심지어 카드론까지 사용하여 비트코인에 투자했는데 당시 빌린 금액이 1억 2,000만 원에 달했으니 완전히 제정신이 아니었던 것이다. 그 와중에 참 다행인 건 주변 사람들과 하나뿐인 어머니께 손을 벌리지 않았다는 것이다. (빚쟁이가 된 모습이 부끄러워 보여 주기 싫어서였다) 손실을 만회하기 위해 더 많은 돈을 투자했고 그럴수록 손실은 눈덩이처럼 불어났다. 점점 더 깊은 수렁에 빠져들었고 재정적인 압박감에 시달렸다. 내 모든 돈을 잃을 위기에 처했을 때, 나는 비로소 현실을 직시하게 되었다. 하지만 그때는 이미 늦었다. 나는 이미 너무 깊이 빠져 있었고 다시 일어서기 위해서는 많은 시간과 고통이 필요했다.

4

나를 죽이지 못하는 고통은 나를 더욱 강하게 한다

권토중래(捲土重來)
: 흙먼지를 일으키며 다시 온다

나는 권토중래(捲土重來)라는 고사성어를 굉장히 좋아한다.

그 이유는 이 고사성어가 담고 있는 깊은 의미와 가르침 때문이다. 이 표현은 단순히 실패를 극복하는 것 이상의 메시지를 담고 있다. 즉 권토중래란, 역경을 딛고 일어서는 용기, 끊임없는 도전 그리고 포기하지 않는 의지를 상징한다.

빚쟁이가 된 나는 사회 초년생 때보다 더 큰 짐을 지고 다시 시작해야 했다. 카드론 이자를 못 내니 하루에 신용 등급이 두 단계씩 떨어지는 걸 눈으로 직접 보며 칼에 베이는 고통을 느꼈다. 은행과 카드 채권추심팀은 휴대폰에 불이 날 정도로 전화를 해 댔다. 나이는 20대 후반인데 가진 것은 아무것도 없는 수준을 넘어, 오히려 빚이 1억 2,000만 원이니 정말 답도 없는 상황이었다. 이 빚을 갚기 위해서는 지금 하는 일 외에 다른 무언가를 추가적으로 더 해야만 했다. 나는 내가 뭘 잘할 수 있을지 고민해 보았다. 배운 게 도둑질이라고 휴대폰 판매 외에는 할 줄 아는 게 없었다. 그래서 이 능력을 어떻게 살릴 수 있을지 생각해 보았다.

생각해 보니, 손님들이 새 휴대폰을 개통하면 기존의 휴대폰을 가져갔었는데 이를 매입해서 중고폰 업자에게 팔면 약간의 이득이 남았던 경험이 떠올랐다. 이 경험을 바탕으로 처음부터 시작하기로 마음먹고 다시 영업에 집중하면서 손님들의 휴대폰을 중고폰 매입 업자에게 대리 판매까지 해 주며 작게나마 돈을 벌기 시작했다.

그러던 중, 오프라인뿐만 아니라 온라인으로도 매입한다면 더 많은 매물을 확보할 수 있을 것이라는 생각이 들었다. 그 당시에는 중고폰 거래가 생각보다 활발했고 처음에는 온라인 매입을 통해 부업 벌이만 되어도 괜찮겠다고 생각해 시작했다. 이제 중고폰 매입 업체를 거치지 않고 직접 A부터 Z까지 해야 했는데, 전문적으로 배운 적 없다는 사실은 큰 걸림돌이 되지 않았다. 그들이 할 수 있다면 나라고 못 할 이유가 없다고 생각했기 때문이다. 온라인 플랫폼을 활용해 중고폰을 매입하고 판매하는 방식은 내 예상보다 훨씬 효과적이었다. 온라인을 통해 더 많은 고객을 확보할 수 있었고 중고폰 매입과 판매가 점차 확장되었다.

어느 정도 시간이 흐르자, 하루 9시간 동안 회사에 붙들려 있는 것보다 중고폰 매입과 판매를 통해 더 많은 돈을 벌 수 있게 되었다. 회사에서의 일은 점점 내게 중요하지 않게 느껴졌고 시간 낭비라고 생각됐다. (그전부터 회사에 정나미가 떨어져 있었다) 그래서 미련 없이 회사를 그만두고 이 사업에 전념하기로 결심했다. 사실 회사에 이용당했다는 걸 인지했을 때 그만둘까 생각했지만 그러지 못한 게 웃길 따름이다. 죽을 곳에 가야 살아난다는 말이 틀리지 않은 것 같다. 퇴사 후 그 시간을 온전히 할애하니 중고폰 사업은 점점 더 성장했고 그 과정에서 많은 우여곡절이 있었지만 이 사업을 통해 빚을 갚을 수 있었을 뿐만 아니라 더 큰 성취감을 느끼게 되었다. 빚을 다 갚고 사업을 정리하기 전까지 어머니에게 그 당시 빚이 1억 넘게 있었다는 사실을 일절 얘기하지 않았다.

내가 여기서 깨달은 것은 어떤 사업이든 기본기를 배우고 시작하는 것이 아니라 도전하면서 부딪치는 상황에서 해결 방법을 모색해야 한다는 점이다.

사업을 시작할 때 대부분의 사람은 기본기를 배우고 철저하게 준비한 후에 시작하는 것이 성공의 열쇠라고 생각한다. 물론 기본기를 배우고 준비하는 것도 중요하다. 그러나 내 경험은 다르게 말해 준다. 나는 1억이 넘는 빚을 안고 시작할 때, 사업에 대한 사전 지식이나 기본기를 배울 시간도, 여유도 없었다. 오로지 현장에서 부딪히고 배우면서 해결책을 찾아야 했다.

기존의 휴대폰을 매입해서 중고폰 업자에게 파는 것에서 힌트를 얻어 사업을 시작했지만 중고폰 매입 업체에서 일해 본 적이 없었다. 어떻게 하면 고객들에게 더 많은 중고폰을 매입할 수 있을지 어떻게 하면 더 나은 가격에 판매할 수 있을지에 대한 지식도 없었다.

그렇지만 상황을 두려워하지 않았다. 오히려 도전하면서 부딪히는 상황 속에서 직접 해결 방법을 찾아 나갔다. 사업을 하다 보면 예상치 못한 문제들이 끊임없이 발생한다. 이때 중요한 것은 미리 모든 것을 알고 시작하는 것이 아니라, 문제에 직면했을 때 이를 해결하기 위해 노력하고 배워 가는 자세다. 나는 퇴사 후 혼자서 사업하면서 매일매일이 도전의 연속이었다. 처음 접하는 문제들이 많았고 그때마다 새로운 해결책을 찾아야 했다. 이 과정에서 나는 문제를 해결하는 능력을 키울 수 있었고 이는 앞으로 해 나갈 사업의 중요한 자산이 되었다.

또한, 현장에서 직접 부딪치면서 얻는 경험은 어떤 이론서나 강의보다도 값지고 실질적이다. 고객과의 직접적인 소통을 통해 그들이 진정으로 원하는 것이 무엇인지, 어떻게 해야 더 나은 서비스를 제공할 수 있는지를 배우게 되었다. 새로운 경험을 바탕으로 나는 사업을 점차 확장할 수 있었고 더 많은 고객의 신뢰를 얻을 수 있었다.

결국, 나는 기본기를 배우기보다 도전하며 부딪치는 상황 속에서 직접 해결 방법을 찾는 것이 진정한 배움이라는 것을 깨달았다. 여기서 얻은 배움은 단순히 이론적인 지식이 아닌, 실질적인 경험과 문제 해결 능력을 길러 주었다. 이제 나는 어떤 어려움이 닥쳐와도 두려워하지 않고 해결책을 찾아 나갈 자신이 생겼다.

5

▼
▼
▼

장사꾼에서 현명한 투자자로

주경야독(晝耕夜讀)
: 낮에는 밭을 갈고 밤에는 글을 읽는다

이때의 나는 하루에 잠을 3시간 이상 자 본 적이 없었다. 사실 중고폰 사업도 내가 좋아서 시작한 일은 아니었고 그저 내가 저지른 빚을 갚기 위해 시작한 일이었다. 중고폰 매입과 판매는 나에게 어느 정도의 수입을 안겨주었지만 그 과정은 혹독한 노동의 연속이었다. 매일같이 물량을 매입하고 판매를 위해 고객들과 끊임없이 소통하며 새로운 시장을 개척하는 일에 지칠 대로 지쳐 있었다. 하지만 멈출 수 없었다. 빚을 정리하고 어느 정도 시드머니를 모으기 전까지는 버텨야 했다. 그리고 그 목표를 이루는 순간, 미련 없이 이 일을 떠날 생각만 하고 있었다.

그러던 중, 전대미문의 전염병인 코로나19가 터졌다. 세계는 혼란에 빠졌고, 경제는 급격히 변화하기 시작했다. 이때 나는 이 사업을 접을 기회라 생각하고 갖고 있던 중고폰 물량을 모두 처분한 뒤 새로운 기회를 모색하기로 마음먹었다. 중고폰 사업을 통해 빚을 다 갚았고 어느 정도 투자에 사용할 시드머니도 마련했지만 여전히 미래는 불안하고 불만족스러웠다. '이제 뭘 하지?' 과거 투자에 실패한 나의 모습을 되돌아보고 투자로 성공하기 위해 준비하고자 했다.

여기서 잠깐! 웃기게도 사람들은 대부분 자신이 운전자, 회사원, 투자자로서 평균 이상이라고 생각한다. 미국 코넬 대학교의 심리학자 저스틴 크루거와 데이비드 더닝의 연구에 따르면, 연구진이 본인의 운전 실력이나 운동 능력, 또는 직무 능력이 얼마인지 점수를 매겨 달라고 요청하자 대부분의 응답자가 자신의 실력이 평균 이상이라고 답했다. 이러한 현상을 '더닝-크루거 효과'라고 부른다.

더닝-크루거 효과는 사람들이 자신의 능력을 과대평가하는 경향을 설명하는 심리학적 현상이다. 이 효과에 따르면 능력이 부족한 사람일수록 자신의 능력을 과대평가하는 반면, 실제로 능력이 뛰어난 사람은 자신의 능력을 과소평가할 가능성이 높다. 이는 자기 평가 능력의 부족과 자기 인식의 오류로 인해 발생한다. 결국, 많은 사람들이 자신의 능력이 평균 이상이라고 믿게 되는 것이다.

이제 다음 얘기에 앞서 당신의 운전 실력은 평균 이상인가? 대부분은 자신의 운전 실력이 평균 이상이라고 생각할 것이다. 그러나 실제로 도로 위에서 평균 이상의 운전 실력을 갖춘 사람은 절반을 넘을 수 없다. 운전 실력을 과대평가하는 사람들은 자신이 안전하고 능숙한 운전자라고 믿지만 통계적으로 볼 때 이들 중 상당수는 실제로는 그렇지 않으며 교통사고의 주요 원인이 되기도 한다.

또한, 직무 능력에서도 비슷한 현상이 나타난다. 직장에서 많은 사람들은 자신이 동료들보다 뛰어난 능력을 갖추고 있다고 생각하며 자신감과 자부심을 가지게 할 수 있지만, 때로는 비현실적인 기대와 실망을 초래하기도 한다. 특히, 자신의 능력을 과대평가한 사람들은 피드백을 받아들이지 않거나 개선의 필요성을 인식하지 못해 성장의 기회를 놓칠 수 있다.

투자에서도 마찬가지이다. 많은 투자자들이 자신이 시장을 이길 수 있는 특별한 능력을 지니고 있다고 믿으며 종종 과도한 자신감으로 이어져 위험한 투자 결정을 내리게 된다. 예를 들어, 일부 투자자들은 자신의 분석과 예측이 항상 정확할 것이라고 믿고 지나치게 공격적인 투자 전략을 사용한다. 그러나 실제로는 시장의 변동성과 예측 불가능성을 간과하는 경우가 많아 큰 손실을 입을 가능성이 높다.

그렇다면 더닝-크루거 효과를 어떻게 극복할 수 있을까? 첫째, 자신에 대한 객관적인 평가를 받는 것이 중요하다. 피드백을 받아들이고 자신의 강점과 약점을 솔직하게 인식하는 것이 필요하다. 둘째, 지속적인 학습과 발전을 통해 자신의 능력을 향상시키려는 노력이 필요하며 자신의 한계를 인식하고 이를 극복하기 위한 구체적인 계획을 세우는 것이 요구된다. 셋째, 타인의 의견을 존중하고 다양한 관점을 수용하는 자세가 중요하다. 이는 자신을 객관적으로 평가하는 데 큰 도움이 된다.

대부분의 사람들이 자신의 능력을 과대평가하는 경향이 있으며, 위에 말한 더닝-크루거 효과로 설명될 수 있다. 자신이 위와 같은 오류에 빠져 있지 않다고 확신할 수 있는 사람은 거의 없다. 따라서 우리는 자신의 능력을 객관적으로 평가하고 지속적으로 발전시키기 위한 노력을 기울여야 한다.

이제 나는 왜 과거에 투자에서 실패했는가를 곰곰이 고민하기 시작했다. 그때의 실패는 단순한 운이나 외부 요인 때문이 아니었다. 나 자신에게 전적으로 문제가 있었다. 나는 충분히 공부하지 않았고 시장에 대한 이해도 부족했으며 철저한 계획 없이 탐욕만 가득 차 이성을 잃고 무작정 뛰어들었기 때문에 실패한 것이다. 이번에는 다르게 접근하고 싶었다. 그래서 이 투자란 놈에 대해 깊이 공부하기로 결심했다.

정말 그때는 뭐에 홀린 듯이 책만 쌓아 놓고 살았다. 그때 읽었던 책들이 책장에 그대로 있다. 지금은 책이 훨씬 더 많아져 천 권이 넘어가니 보관할 곳이 없어 혼자 사는데 34평 아파트로 이사를 해야 했다. 일단 투자와 관련된 책들과 자료를 쉴 새 없이 읽어 나갔다. 주식, 부동산, 채권, 경제학, 재무관리, 가치 투자 등 다양한 분야의 책들을 섭렵했고 과거의 실패를 되풀이하지 않기 위해 매일같이 공부하며 새로운 지식을 습득하는 데 열중했다.

아침부터 밤까지 책상 앞에 앉아 책을 읽고, 메모를 하고, 분석하고 생각하며 지냈다. 코로나19로 인해 외부 활동이 제한되었지만 오히려 이 시간을 기회로 삼아 집중적으로 공부할 수 있었다.

특히 나에게 깊은 인상을 남긴 것은 가치 투자의 아버지인 벤저민 그레이엄의 가치관이었다. 이미 작고하셨지만 그와 마주 앉아 대화한 것처럼 그레이엄의 투자 철학과 원칙을 통해 많은 것을 배우고 내 투자 전략의 기초를 다질 수 있었다.

벤저민 그레이엄의 투자 가치관

벤저민 그레이엄은 『증권분석』과 『현명한 투자자』라는 두 권의 책을 통해 가치 투자의 기초를 세운 인물이다. 그는 시장이 본질적으로 비이성적이며 가격은 단기적으로는 변동성이 크지만 장기적으로는 내재 가치를 반영한다고 강조했다. 그의 투자 철학은 다음과 같은 몇 가지 핵심 원칙으로 요약될 수 있다.

안전 마진 **그레이엄은 투자에서 안전 마진을 확보하는 것이 가장 중요하다고 강조했다. 이는 투자 대상을 매수할 때 내재 가치보다 충분히 낮은 가격에 매수함으로써 시장 변동성과 예기치 않은 위험에 대비하는 것이다. 안전 마진은 투자자가 시장의 변동성 속에서도 안정성을 유지하게 해 주는 중요한 요소다.**

내재 가치 평가 **그레이엄은 내재 가치를 평가하는 방법을 개발했다. 투자자는 투자 대상의 가격이 내재 가치보다 낮을 때 매수하고, 내재 가치보다 높을 때 매도함으로써 수익을 창출할 수 있다.**

단기적 시장 예측의 불확실성 **그레이엄은 단기적인 시장 움직임을 예측하는 것은 거의 불가능하다고 보았다. 따라서 투자자는 장기적인 시각을 가지**

고 내재 가치에 집중해야 한다고 강조했다. 가장 중요한 투자의 기본 원칙이며, 단기적인 시장의 소음에 휘둘리지 않고 장기적인 성장에 초점을 맞추게 해 준다.

그레이엄은 특히 '안전 마진' 개념을 강조했다. 이는 내재 가치를 평가하고 그 가치보다 저평가된 투자 대상을 매수하는 것이 중요하다는 원칙이다. 이 원칙을 통해 나는 투자에서 가장 중요한 것은 '가격'이 아니라 '가치'임을 깨달았다. 주식 시장의 변동성에 휘둘리지 않고 기업의 본질적인 가치를 중시하게 된 것이다.

또한, 그레이엄은 투자와 투기를 명확히 구분했다. 그는 투자가 철저한 분석에 기반하고 원금의 안전을 보장하며 적절한 수익을 기대할 수 있는 행위라면 투기는 단기적인 시장 변동을 이용해 빠른 이익을 추구하는 행위라고 정의했다. 이 구분은 나에게 투자에 대한 신중한 접근 방식을 가르쳐 주었고 단기적인 이익보다는 장기적인 성장을 목표로 삼게 했다.

그레이엄의 또 다른 중요한 가르침은 시장의 변덕을 두려워하지 말고 오히려 기회로 삼으라는 것이다. 그는 시장의 변동성은 투자자에게 저평가된 투자 대상을 매수할 기회를 제공한다고 보았다. 시장이 때때로 비합리적으로 움직일 수 있다. 냉정하게 가치를 평가하고 저평가된 투자 대상을 매수하는 것이 현명한 투자자의 자세라고 강조했다. 이 가르침은 나에게 시장의 변동성에 흔들리지 않고 오히려 기회를 포착하는 방법을 배우게 했다.

특히나 팬데믹은 투자 시기로 봤을 때 더없이 좋은 상황이었다. 코로나19로 인해 모든 투자 상품이 제 가치보다 낮아져서 거래되고 있었기 때문이었다. 이 전대미문의 팬데믹 상황은 전 세계 경제에 큰 충격을 주었고 주식 시장을 비롯한 대부분의 자산시장이 급락했다. 많은 투자자들이 공포에 휩싸여 서둘러 자산을 매도하였고 많은 우량 자산들이 실제 가치보다 훨씬 낮은 가격에 거래되는 결과를 초래했다.

벤저민 그레이엄의 가르침에 따르면, 현재의 패닉은 오히려 큰 기회를 제공한다. 그가 강조한 '안전 마진' 원칙을 적용하면 제 가치보다 낮게 평가된 자산을 매수하여 장기적으로 큰 수익을 올릴 수 있는 절호의 기회였다. 나는 이 점을 놓치지 않기로 결심했다.

사업을 정리하고 빚을 갚고 남은 돈으로 이제 투자라는 놈한테 복수할 시기가 찾아왔다.

나는 과거의 실패를 극복하고, 이번에는 철저히 준비된 상태로 투자를 시작하기로 결심했다. 나에겐 벤저민 그레이엄의 가치 투자 철학이라는 강력한 무기가 있었기 때문에 겁날 것이 없었다. 가치 투자 철학을 바탕으로 내재 가치가 높고 저평가된 주식들을 선택하여 매수했다.

그러나 스포일러를 하자면 주식 투자에서는 재미를 보지 못했다. 여기서 가장 큰 문제는 내가 아무리 내재 가치보다 저렴하게 주식을 매입하더라도 결국 시장 참여자들이 그 내재 가치를 인정하고 매수해 주어야 제 가치로 반영된다는 점이다. 주식이 아무리 저평가되어 있다고 판단하더라도 현재 가격이 시장 참여자들이 동의하는 적정 가격이 아닌가? 물론 장기적으로는 반영될 수 있다.

철저한 분석과 연구를 통해 신중하게 투자 결정을 내렸지만 시장은 내가 생각한 것만큼 반응하지 않았다. 많은 주식들은 내가 기대한 성과를 내지 못했고 점차 흥미를 잃기 시작했다. 심지어 몇몇 주식은 3년이 지난 지금도 오히려 반토막이 난 상태이다.

그 당시 나는 한 제약회사의 주식을 매수했다. 이 회사는 혁신적인 기술과 강력한 성장 잠재력을 가지고 있었고 재무 상태도 건전했다. 내재 가치를 고려했을 때, 이 회사의 주식은 명백히 저평가된 상태였다. 그러나 시장은 이를 인식하지 못했고 주가는 오르지 않았다. 오히려 시간이 지나면서 경쟁사의 등장과 경제 불황 등의 외부 요인으로 인해 주가는 지속적으로 하락했다. 결국, 나는 이 주식으로 큰 손실을 보게 되었고 큰 좌절감을 느꼈다.

나름대로 분석과 연구를 통해 내린 투자 결정을 했었다. 하지만 시장의 반응은 나의 기대와는 달랐다. 그레이엄의 가르침대로 내재 가치를 중시하며 투자했지만, 시장의 변덕과 외부 요인들은 나의 예측을 빗나가게 만들었다. 그때 나는 주식 투자는 단순히 내재 가치를 평가하는 것만으로는 충분하지 않다는 것을 깨달았다.

또한, 주식 투자의 변동성은 나에게 큰 스트레스를 안겨주었다. 주식을 보지 않으려고 애썼지만 매일같이 주식 시세를 확인하며 일희일비하는 삶은 결코 안정적이지 않았다. 장기적인 관점을 유지하려고 노력했지만 주가의 변동성은 내 마음을 항상 불안하게 만들었다.

결국, 나는 주식 투자에서 큰 재미를 보지 못한 채 새로운 투자 방법을 모색하기로 결심했다. 주식 투자에서 배운 교훈을 바탕으로, 보다 예측 가능한 수익을 얻을 수 있는 투자 방식을 찾기 시작했다. 그레이엄의 가치 투자 철학은 언제나 나에게 중요한 지침이었다. 이를 실현하는 방법은 주식 투자에 국한되지 않고 보다 다양하고 창의적인 투자 대상이어야 한다는 것을 깨달았다.

6

▼
▼
▼

리스크 오디세이

전화위복(轉禍爲福)
: 화를 바꾸어 복으로 만든다

전화위복이라는 말은 다들 아실 것이다. 하지만 이 고사성어의 유래를 알고 있는가?

옛날 중국에는 한 노인이 있었다. 어느 날 그의 말이 도망쳐서 사라졌다. 이웃 사람들은 이를 불행이라고 여겨 노인을 위로했지만, 노인은 담담하게 말했다. "이 일이 복이 될지 누가 알겠습니까?" 얼마 후, 도망갔던 말이 여러 마리의 야생마를 데리고 돌아왔다. 이웃 사람들은 이번에는 노인에게 축하 인사를 했다. 그러나 노인은 다시 담담하게 말했다. "이 일이 화가 될지 누가 알겠습니까?" 이후, 노인의 아들이 야생마를 길들이려다 떨어져

다리를 다치게 되었다. 이웃 사람들은 이를 불행이라며 노인을 위로했지만, 노인은 또다시 말했다. "이 일이 복이 될지 누가 알겠습니까?" 얼마 지나지 않아 전쟁이 발발했고, 노인의 아들은 다친 다리 때문에 징병을 면할 수 있었다.

이 이야기에서 볼 수 있듯이, 인생의 사건들은 그 자체로 좋은지 나쁜지 단정하기 어려우며 불행처럼 보였던 일이 오히려 행운이 되는 경우가 있다. '전화위복'은 이렇게 역경이나 고난을 긍정적으로 받아들이고 극복하여 더 나은 상황으로 전환할 수 있음을 상기시키는 말이다.

코인 투자 실패로 점철된 나의 투자 여행은 벤저민 그레이엄의 가치 투자로 재정립되었고 주식 투자를 지나 부동산 투자까지 흘러 들어오게 되었다. 여기서 소제목을 리스크로 적은 이유에 대해 설명하고 싶다.

리스크란 무엇인가?

리스크는 투자를 할 때 항상 따라오는 불가피한 요소이다. 간단히 말해, 리스크는 미래의 불확실성으로 인해 발생할 수 있는 손실의 가능성을 의미한다.

리스크를 단순히 변동성이라는 학술 용어로 정의하는 것에서 벗어나야 한다. 자산의 가격이 오르내리는 변동성을 리스크로 간주하는 것은 불완전한 이해이다. 가장 큰 문제는 영구적인 손실, 즉 회복 불가능한 자본의 손실이다. 이를 이해하는 것이야말로 진정한 리스크에 대한 이해의 출발점이다. 변동성은 일시적인 가격 변동을 의미할 뿐이며 투자 관점에서 볼 때 반드시 위험을 의미하지는 않는다. 오히려 변동성을 잘 활용하면 매력적인 매수 기회를 포착할 수 있다. 하지만 영구 손실은 전혀 다른 차원의 문제이며 투자 자산의 가치를 완전히 잃어버리는 것으로 다시 회복할 수 없는 상태를 말한다.

이 때문에 투자 성공의 확실한 공식은 더 많은 리스크를 감수하는 것을 거부하는 것이다. 많은 사람들이 높은 수익을 기대하면서 더 큰 리스크를 감수하곤 하지만, 이것은 잘못된 접근법이다. 리스크가 클수록 가능한 결과의 범위도 넓어지고 그만큼 손실 가능성도 커진다는 것을 깨달아야 한다. 이는 단순히 이론적인 말이 아니라 실제 투자에서 여러 번 경험한 사실이다.

또한, 손실에 대한 보상이 충분하고도 남을 때에만 리스크를 감수해야 한다. 이는 곧 투자에 대한 철저한 분석과 평가를 기반으로, 예상되는 수익이 감수해야 할 리스크를 충분히 보상할 수 있는 경우에만 투자를 결정해야 한다는 것이다. 고위험 고수익이라는 단순한 공식을 넘어서는 것으로, 리스크와 보상의 균형을 면밀히 검토하는 것을 의미한다.

다시 한번 말하지만 리스크를 변동성으로만 정의하지 않고 영구 손실의 가능성을 철저히 고려하는 것이 중요하다. 리스크가 클수록 가능한 결과의 범위가 넓어지고 손실 가능성도 커진다는 사실을 인식해야 한다. 각 투자 대상의 손실 가능성을 깊이 이해하고 손실에 대한 보상이 충분할 때에만 리스크를 감수하는 것이 투자 성공의 핵심이다.

7

▼
▼
▼

팬데믹 자산시장 폭락과 절망 속에서 찾은 기회

"오늘의 부동산 투자는 내일의 부와 안정을 보장한다."
– 로버트 기요사키

내가 부동산 투자를 선택한 이유는 주식과는 투자 접근성이 다르기 때문이다. 주식 투자와 비교했을 때, 부동산 투자는 몇 가지 중요한 측면에서 차별성을 지닌다. 이 차별성은 나에게 안정성과 장기적인 성장 가능성을 제공해 주었다.

첫째, 부동산은 주식처럼 시시각각 가격이 변동하지 않는다. 주식 시장은 매우 변동성이 크고 하루에도 수차례 가격이 오르내릴 수 있다. 변동성은 단기적인 이익을 추구하는 투자자들에게는 기회가 될 수 있지만 안정을 추구하는 투자자들에게는 큰 스트레스와 리스크가 된다. 반면, 부동산은 비교적 안정적인 자산으로, 가격 변동이 주식보다 훨씬 느리고 완만하며 투자자가 장기적인 계획을 세우고 이를 차분히 실행할 수 있는 여유를 제공한다.

둘째, 주식은 현물 투자로만 할 수 있다. 물론 주식에서도 레버리지를 사용할 수 있지만, 큰 위험을 수반한다. 만약 레버리지를 사용하여 투자했을 때, 시장이 잠깐이라도 큰 폭으로 하락하면 투자 원금의 영구 손실을 초래할 수 있다. 특히나 변동성이 큰 시장에서는 더욱 위험하다. 주식 시장의 급격한 변동성은 종종 투자자들에게 큰 손실을 안겨 줄 수 있으며 우리가 부자가 되기 위한 여정을 방해한다.

반면, 부동산은 레버리지를 활용한 투자에 있어서도 주식보다 상대적으로 안정적이다. 부동산 투자는 대출을 통해 자산을 확보하는 경우가 많다. 이때, 부동산 가격이 하락한다고 해서 대출을 상환하라는 은행의 압박이 즉시 가해지는 것은 아니다. 부동산 담보 대출은 장기적인 상환 계획에 기반하고 있으며 일시적인 가격 하락이 즉각적인 문제로 이어지지 않는다. 그렇기에 투자자에게 일정한 유동성을 제공하고 투자 자산의 가치를 장기적으로 유지할 수 있는 기회를 준다.

또한, 부동산 투자는 물리적 자산을 기반으로 하기 때문에 심리적 안정감을 제공한다. 주식은 보유하고 있는 동안 시장 참여자들의 변덕에 의해 가격이 오락가락하고, 주식을 소유한다고 해서 기업의 경영에 참여하여 문제점을 고칠 수 없다. 부동산은 실제로 존재하고 직접 관리할 수 있는 자산이며 투자자에게 투자 자산에 대한 소유감을 높여 주고 안정적인 수익을 기대할 수 있는 기반을 제공한다. 특히나 임대 수익을 통한 정기적인 현금흐름은 주식 배당금보다 예측 가능하고 안정적일 수 있다.

주식은 주가가 저평가되었다고 판단되더라도 현재 거래되는 가격이 시장에 참여하는 모든 투자자들이 동의한 가격이다. 다시 말해, 주식 시장에서의 주가는 매 순간 수많은 투자자들의 심리와 판단, 정보에 기반하여 형성된다. 이는 주가가 저평가되었을지 몰라도 현재의 거래 가격이 결국 시장의 합의된 시세임을 의미한다.

부동산 투자를 하기로 마음 먹다

코로나 19 팬데믹 동안 많은 부동산이 헐값에 시장에 나와 있었다. 이것은 나에게 절호의 기회였다. 벤저민 그레이엄이 강조한 '안전 마진' 개념을 부동산 투자에도 적용하기로 하였고 충분한 안전 마진을 확보한 매물을 매수함으로써, 시장 변동성에도 대비하고 장기적인 성과를 기대할 수 있었다. 나의 전략은 내 자본을 최소한으로 사용하면서 금융기관의 대출을 적극적으로 활용하는 것이었다.

이것을 가장 극대화한 부동산 투자 방법이 경매였다.

부동산 경매란 특정 자산, 특히 부동산을 가장 높은 가격을 제시한 입찰자에게 판매하는 과정을 의미한다. 경매는 법원이나 공공기관이 주관하며 채무자가 부채를 갚지 못해 담보로 잡힌 자산을 처분해야 할 때 주로 이루어진다. 경매는 시장 가격보다 저렴하게 자산을 매입할 수 있는 기회를 제공해 주는데 경매를 통해 매입한 부동산은 일반 시장 거래보다 저렴하게 구매할 수 있는 경우가 많다. 이것은 감정가 대비 낙찰가가 낮게 형성되기 때문이며, 덕분에 충분한 안전 마진을 확보할 수 있는 기회를 제공받았다.

그로 인해 영구 자본 손실의 가능성 없이 내가 낙찰받은 가격과 시장에서 거래되는 가격의 차이가 충분한 쿠션 역할을 하며, 보다 안정적인 투자 수익을 추구할 수 있었다. 또한, '레버리지'를 통해 보다 많은 부동산을 매입할 수 있었고 이는 투자 수익을 극대화하는 데 큰 도움이 되었다. 대출을 받을 때는 금리와 상환 조건을 꼼꼼히 따져 보았고 가능한 한 유리한 조건으로 자금을 조달하려고 노력했다.

물론 경매로만 부동산을 취득한 것이 아니라 저평가된 부동산을 협상을 통해 충분히 헐값에 매입할 수 있다면 전국 각지 어디에서도 유리한 조건으로 부동산을 확보할 수 있었다. 이와 같은 방법은 특히 경매 시장에서 경쟁이 치열할 때, 또는 특정 지역의 부동산 시장이 침체기에 접어들었을 때 유용했다. 협상 기술과 시장에 대한 철저한 분석이 뒷받침된다면, 경매가 아니라도 상대적으로 저렴한 가격에 가치 있는 부동산을 손에 넣을 수 있었다. 여기서 내 통신사 영업 노하우가 빛을 발했다.

그리고 이 경험을 바탕으로 내가 설립한 법인회사 레그글로벌리츠는 2022년 첫해에만 매출 11억 4,000만 원과 매출 총이익 2억 5,000만 원을 기록했다. 2023년에는 매출 34억 원과 매출총이익 7억 5,000만 원으로 전년도에 비해 3배 이상 수직 상승했다. 2024년 초 현재까지 매출 30억 원을 달성했으니 올해도 2023년에 비해 2배 이상 성장할 것으로 기대된다.

자, 이제 내 이야기는 끝낼 때가 된 것 같다. 솔직히 말해서, 내 개인적인 얘기들이 부끄럽고 창피하다. 이제 내 이야기를 끝낸다니 기분이 한결 가벼워진다. 당신도 지루한 얘기가 끝난다니 즐겁지 않은가? 나도 정말 기분이 좋다.

Chapter 2

사치의 대가는 재정적 파멸이다

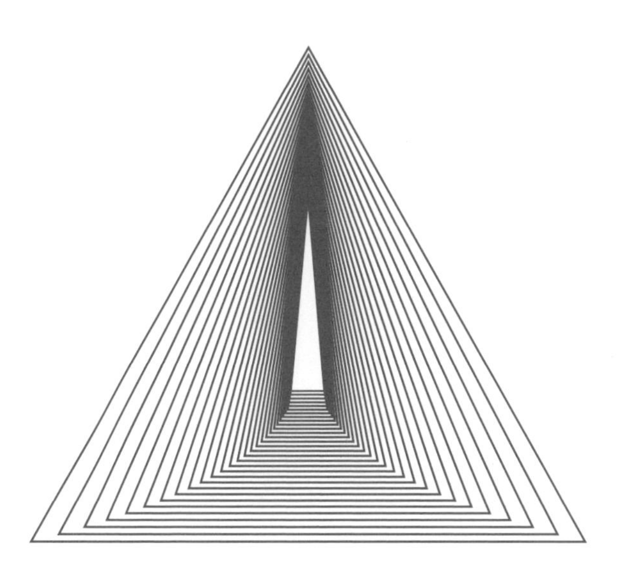

A m b i t i o n

A m b i t i o n

진정한 엠비션은 사치가 아닌 절제에서 시작된다. 사치로 인해 재정적 파멸을 맞는 것은 포부를 이루기 위한 자산을 잃는 것이다. 엠비션은 현명한 재정 관리를 통해 꿈을 실현하는 데 있다.

1

부자=사치, 완전히 잘못된 공식

> **"사치는 일시적이지만, 그로 인한 빚은 영원하다."**
> – 플루타르코스

한때는 부자가 되면 하고 싶은 모든 것을 누리며 살 수 있다고 생각했다. 어린 시절에는 부와 풍요가 무한한 자유와 행복을 보장해 줄 것처럼 느껴졌다. 당시에는 더 큰 집, 멋진 차, 고급 음식, 값비싼 옷과 같은 외적인 요소들이 내가 생각하는 부자의 상징이었다.

그러나 어느 정도 성공한 후 돌아보니, 현실은 그리 단순하지 않다는 것을 깨달았다. 회사 다닐 때의 생활과 비교해 보면 지금이 훨씬 더 적은 돈으로 생활하고 있다는 사실에 스스로 놀라곤 한다. 처음에는 왜 그런지 이해할 수 없었다. 분명히 더 많은 돈을 벌고 있는데 왜 생활은 더 검소해졌는가?

그 이유는 유튜브나 인스타그램에 자칭 부자라고 하는 사람 대부분이 사실 부자가 아니기 때문이다. 현대 사회에서 소셜 미디어는 누구나 쉽게 자신의 삶을 포장하고 과시할 수 있는 장이 되었다. 특히 유튜브와 인스타그램 같은 플랫폼은 시각적인 요소가 중심이기 때문에 화려한 라이프 스타일을 과시하는 데 최적화되어 있다.

이들 플랫폼에서 흔히 볼 수 있는 '부자'들은 대개 고급 자동차를 타고, 명품을 입으며, 호화로운 여행을 다니는 모습을 공유한다. 그러나 이런 이미지들은 종종 현실과 동떨어진 경우가 많다. 많은 사람이 이런 콘텐츠를 소비하며 자신도 모르게 이들이 진정한 부자라고 믿게 된다. 그러나 실제로는 이들이 보여 주는 화려한 삶은 꾸며진 것일 가능성이 높다.

자칭 부자들은 단지 부자인 척할 뿐이다

그들은 부자인 척해야 사람들이 자신을 팔로우하고, 더 많은 조회 수와 인기를 얻을 수 있다는 것을 잘 알고 있다. 이를 위해 고가의 물건을 빌리거나 단기적으로만 호화로운 생활을 누리는 경우도 많다. 이들은 외적인 이미지로 사람들의 관심을 끌고, 이를 통해 광고 수익이나 스폰서십 등의 방법으로 돈을 벌기 위해 노력한다.

진정한 부자, 특히 자수성가한 부자들은 위와 같은 행동에 동의하지 않을 것이다. 그들은 돈을 벌기 위해 얼마나 많은 노력과 인내가 필요한지 잘 알고 있다. 또한 진정한 부는 단순히 많은 돈을 버는 것이 아니라 그 돈을 어떻게 관리하고 어떻게 의미 있게 사용하는지에 달려 있다는 것을 깨달았다. 자수성가한 부자들은 소셜 미디어에서 보여지는 겉치레에 집착하지 않으며 오히려 자신의 내면적 성취와 지속 가능한 성공에 더 큰 가치를 둔다.

베스트셀러 『이웃집 백만장자』에서는 실제로 부유한 사람들의 생활 습관을 조사했다. 이 연구에서 밝혀진 흥미로운 사실은 이들이 절대 사치스럽지 않게 산다는 것이다. 이들은 소비를 줄이고 재산을 축적하는 데 중점을 두었고, 저자는 이들을 '축적자'라 명명했다. 중요한 것은 부자들은 대개 부자처럼 보이지 않는다는 점이다. 왜냐하면 부자처럼 보이기 위해서는 상당한 비용이 들기 때문이다.

부유한 생활을 즐기려면 최신 유행 의상을 구매하고 고급 와인과 레스토랑을 잘 알아야 하는데 이런 것들은 많은 시간과 비용을 필요로 한다. 따라서 재산을 축적하는 데 방해가 될 수밖에 없다. 여기서 배울 점은 실제로 부유한 사람들은 겉으로는 평범하게 보인다는 것이다. 반면, 부자처럼 보이려는 사람들은 그것이 습관이 되어 도리어 재산이 줄어들고 평생 가난을 면치 못할 가능성이 크다.

가짜들에게 속지 말아라

가난한 시절을 경험한 사람은 작은 한 푼도 낭비하는 것을 굉장히 아까워할 수밖에 없다. 이것은 그 사람이 부자가 되더라도 마찬가지다. 그러나 가난한 경험을 겪지 않고 성공한 사람이라면 큰 돈을 쓰는 것에 대해 아깝다는 생각을 잘 하지 않을 것이다. 가난했던 기억이 없기 때문에 자신이 먹고살 만한 부자인데 이것조차 산다고 해서 망하는 것도 아니라고 생각할 것이다. 그러나 이것은 굉장히 근시안적인 시각이며 성공이 계속 유효하고 유지될 것이라는 착각 때문이다.

성공한 사람 중 일부는 부자가 되었다고 돈을 쓰는 것에 한풀이를 하는 경우가 많다. 이들은 마치 가난했던 시절에 복수하듯이 물질 소비에 돈을 때려 붓는다. 외제 차를 사고, 비싼 음식을 먹고, 여행을 다니며, 앞으로도 계속 잘될 것이라는 낙관적인 생각을 가진다. 그러나 이런 사람들은 작은 재정 위기에도 순식간에 무너질 수 있다.

예를 들어 보자. 당신이 사령관이고 전투 중인데 후방 부대를 아예 두지 않고 전방에 모든 병력을 돌격시켰다고 상상해 보라. 이런 상황에서 매복 기습을 당하면 전투에서 패배할 가능성이 매우 높다. 이미 모든 병력을 투입해 버렸기 때문에 상황을 역전시킬 수 없다. 그러나 적이 매복을 했을 수도 있다는 생각에 후방에 예비 병력을 두었다면, 첫 전투에서는 패배할지 몰라도 다시 승기를 잡을 수 있는 힘이 남아 있을 것이다.

이처럼 낭비하고 사치하며 무분별하게 쾌락을 즐기는 가짜 성공자가 평소에 조금씩 대비했더라면 모래로 지은 집이 아니라 적어도 통나무로 지은 집이라도 될 수 있었을 것이다. 우리 회사는 이번에 수억 원의 세금을 납부해야 한다. 그런데 내가 사업 초창기 성공에 취해 낭비하고 있었다면, 이미 회사의 모든 자본을 투자한 입장에서는 그 돈을 낼 자금이 없었을 것이다. 이렇게 되면 결국 피땀 흘려 세운 내 사업이 무너질 수밖에 없다.

더 이어서 설명하자면 내가 한 달에 수천만 원씩 낭비했다고 가정해 보자. 외제 차를 사고, 유흥을 즐기고, 시답지 않은 여행을 다녔다면, 모든 자금을 이미 투자한 상황에서 갑자기 수억 원의 세금을 내야 한다면 어떻게 될까? 평소에 대비했더라면 별것 아닌 상황이지만, 대비를 하지 않았다면 토네이도가 날아오는 대형 위기가 될 것이다.

항상 염두에 두어야 한다. 성공은 일시적인 것이 될 수 있으며, 언제든지 위기가 찾아올 수 있다는 사실을 말이다. 성공한 순간에도 가난했던 시절의 교훈을 잊지 말고 항상 대비하고 준비하는 태도가 필요하다. 이는 단지 재정적인 문제를 넘어 삶의 전반적인 태도에도 적용되어야 한다. 그렇지 않으면, 작은 위기에도 모래성처럼 무너질 수 있다는 것을 명심해야 한다.

그리고 당신의 낭비로 가난해지면 스스로 괴로울 뿐만 아니라, 의리도 없어지고 인정도 메마를 수밖에 없다. 이것은 경제적인 어려움이 개인의 심리적, 사회적 측면에 미치는 영향을 보여 준다. 가난은 단순히 물질적인 결핍을 넘어서 인간관계와 자존감에도 큰 타격을 입힌다.

경제적 어려움은 사람을 힘들게 하고, 스트레스를 유발하며, 결국 인간관계에도 부정적인 영향을 미친다. 가난하면 친구와 가족 간의 의리가 약해지고 인정도 메말라 간다. 경제적 어려움 속에서 사람들은 서로에게 의지하기보다는 서로를 멀리하게 되고, 고립감을 더욱 심화시킨다.

또, 돈이 없으면 거짓말을 하게 되고, 인격적으로도 신용을 잃게 되며 품성마저 떨어진다. 경제적 어려움은 사람을 절망하게 만들고, 때로는 윤리적 판단을 흐리게 한다. 생존을 위해 어쩔 수 없이 거짓말을 하거나, 신용을 잃는 행동을 하게 될 수도 있다. 또한, 개인의 명예와 신뢰를 해치고 장기적으로는 품성과 인격에도 부정적인 영향을 미친다.

그래서 돈은 귀중한 것이다. 경제적인 안정은 개인의 자존감을 지키고, 인간관계를 유지하며, 건강한 삶을 살아가는 데 필수적이다. 돈은 우리의 삶에서 중요한 역할을 하며, 그 소중한 돈을 전적으로 부정하는 것은 바람직하지 않다. 돈을 무시하거나 경시하는 태도는 결국 더 큰 문제를 야기할 수 있다.

돈을 무시하는 자는 결국 돈 때문에 다른 이들에게 철저히 무시당하게 될 것이다. 경제적 안정을 무시하고 이를 등한시하는 사람은 결국 사회에서 소외되고, 다른 사람들로부터 존중받지 못하게 된다. 돈은 단순한 물질적 수단이 아니라 사회적 신뢰와 인간관계를 유지하는 중요한 요소다.

돈을 적절히 관리하고 그 가치를 인정하는 것이 중요하다. 경제적 안정은 개인의 행복과 직결되며, 건강한 인간관계를 유지하는 데 필수적이다. 돈을 무시하거나 경시하는 태도는 결국 자신을 고립시키고, 사회에서의 신뢰와 존경을 잃게 만든다.

부를 물려받아 부자가 된 사람들이 아니라면 자수성가한 부자들은 나의 말에 동의할 것이다. 왜냐하면 그들은 부가 얼마나 쉽게 사라질 수 있는지를 알고, 진정한 부의 가치는 물질적인 것에만 있지 않다는 것을 알기 때문이다. 그들은 돈이 주는 일시적인 기쁨보다는 자신이 이룬 성취와 그로 인해 얻게 된 경험과 지혜를 더 소중하게 여긴다.

부자인 척하는 사람들이 쏟아 내는 콘텐츠는 많은 사람들에게 왜곡된 성공의 이미지를 심어 준다. 이것은 현실과 동떨어진 기대를 갖게 만들고 진정한 성취를 위한 노력을 소홀히 하게 만든다. 하지만 기억하라. 성공은 단기간에 이루어지는 것이 아니며, 부 또한 지속적인 노력과 관리가 필요하다. 자수성가한 부자들이라면 이런 사실을 깊이 이해하고 있을 것이다.

진정한 부자는 자신의 삶을 과시하지 않으며, 진정성 있게 살아간다. 그들은 소셜 미디어에서 보이는 화려한 이미지에 연연하지 않고 자신만의 가치를 추구하며 살아간다. 이들이야말로 진정한 부자이며 그들의 성공은 외적인 화려함이 아닌 내적인 만족과 평화에서 비롯된다. 그들 대부분은 소셜 미디어 속 겉치레에 휘둘리지 않는 진정한 성공을 지향하며 살고 있다.

원하는 것을 사지 말고, 필요로 하는 것을 사라

우리의 삶에서 소비는 필수적인 부분이지만, 무엇을 어떻게 소비하느냐에 따라 삶의 질과 경제적 안정성이 크게 달라질 수 있다. 물건을 살 때는 단순히 욕망에 끌려 구매하는 것이 아니라, 실제 필요 여부를 신중하게 고려해야 한다. 이 원칙을 지키는 것은 재정 관리를 효율적으로 하는 데 매우 중요하다.

현대 사회에서 많은 사람들이 지나치게 소비 지향적인 삶을 살고 있다는 사실은 부인할 수 없다. 이들 중에는 안정적인 수입을 가진 중산층부터 빈곤층까지 다양한 계층이 포함되어 있다. 하지만 이들 대부분이 자신과 가족에 대한 책임 의식을 가지고 신중하게 지출하는 것처럼 보이지 않는다. 오히려 다른 사람들과 비교하면서 사회적 위치를 유지하기 위해 무리한 소비를 하고 있는 것이 현실이다.

이런 현상은 여러 가지 원인에서 비롯된다. 먼저, 미디어와 광고는 끊임없이 새로운 제품과 서비스를 소개하며 소비를 부추기고 있다. 광고는 '행복은 소비에서 온다.'라는 메시지를 지속적으로 전달하면서 사람들에게 필요 이상의 소비를 하도록 만든다. 소셜 미디어의 발달로 인해 다른 사람들의 삶과 쉽게 비교할 수 있게 되면서, 더 좋은 물건을 사고 더 화려한 삶을 살아야 한다는 압박감이 커지고 있다.

이와 같은 과도한 소비 성향은 많은 사람들을 빚의 소용돌이에 빠뜨린다. 수입보다 지출이 많아지면서 점점 더 많은 사람들이 부채를 안고 살아가게 되고, 결국 경제적 어려움과 정신적 스트레스로 이어진다. 부채가 쌓이면서 생활비를 충당하기 어려워지고 결국 기본적인 생계마저 위협받는 상황에 이르게 된다. 경제적 압박 속에서 일부 사람들은 불법적인 방법으로 돈을 마련하려 하거나, 부정직한 행동을 저지르게 되기도 한다. 이는 개인의 삶뿐만 아니라 사회 전반에 걸쳐 부정적인 영향을 미치며 신뢰와 도덕성을 저해하는 결과를 초래한다.

그러므로 명심하라! 불필요한 것은 1원이라도 비싼 것이다. 물건의 가격은 절대적인 수치가 아니라, 그 물건이 우리 삶에 얼마나 필요한지, 얼마나 유용한지에 따라 상대적으로 결정된다. 비록 가격이 저렴하더라도, 우리가 실제로 필요로 하지 않는 물건이라면 그것은 결국 낭비일 뿐이다. 이런 물건들은 불필요하게 집 안에서 공간만 차지하고 재정적인 부담을 가중시킨다.

반대로, 비록 가격이 비싸더라도 우리의 삶에 꼭 필요한 물건이라면 그것은 가치 있는 투자이다. 예를 들어, 건강을 위해 필요한 의료용품이나, 삶에서의 생산성을 높여 주는 도구들은 그 가격 이상의 가치를 지닌다. 필요한 물건들은 우리의 삶의 질을 향상시키고 장기적으로 볼 때 경제적 이득을 가져다준다. 여기서 잠깐! 불필요한 걸 사 놓고 당신의 생산성을 높여 준다고 한심하게 자위하지 마라. 자신을 속이는 행위에 불과할 뿐이다.

필요한 것을 사는 습관은 여러 가지 이점을 제공한다. 첫째, 재정적인 안정성을 유지할 수 있다. 불필요한 지출을 줄이면 저축을 늘릴 수 있고 예기치 않은 지출에 대비할 수 있는 비상금을 마련할 수 있다. 둘째, 심리적인 안정감을 준다. 불필요한 물건이 가득 찬 집은 스트레스를 줄 수 있으며,

소비에 대한 죄책감을 느끼게 할 수 있다. 반면, 필요한 물건들로만 채워진 집은 더 깔끔하고 정돈된 느낌을 주며 정말로 필요로 하는 것들에 집중할 수 있게 해 준다.

필요한 것을 사기 위해서는 우선순위를 정하는 것이 중요하다. 정말로 필요로 하는 것들이 무엇인지, 우리의 삶에 어떤 영향을 미칠 것인지를 신중하게 고려해야 한다. 이를 바탕으로 구매 결정을 내리는 것이 현명한 소비의 시작이다. 예를 들어, 새로운 옷을 사기 전에 이미 가지고 있는 옷들 중에서 필요한 것이 있는지, 현재의 옷이 충분히 기능을 다하고 있는지를 먼저 생각해 보아야 한다.

또한, 충동구매를 피하는 것도 중요하다. 많은 사람들이 순간적인 욕망에 의해 불필요한 물건을 구매하는 경우가 많다. 이런 충동구매는 결국 후회로 이어질 수 있으며 재정적인 부담을 증가시킨다. 구매를 결정하기 전에 충분한 시간을 갖고 그 물건이 정말로 필요한지, 우리의 삶에 어떤 가치를 더할지를 생각해 보는 것이 필요하다.

결론적으로, 원하는 것을 사지 말고, 필요로 하는 것을 사는 것은 재정 관리의 기본 원칙 중 하나이다. 불필요한 것은 1원이라도 비싼 것이며 필요하지 않은 물건에 돈을 쓰는 것은 자원의 낭비일 뿐이다. 현명한 소비 습관을 기르고, 필요한 것을 신중하게 선택함으로써 우리는 더 나은 삶의 질과 재정적 안정성을 누릴 수 있고, 이를 통해 우리의 삶을 더욱 풍요롭게 만들고, 장기적으로는 더 큰 만족과 성공을 누릴 수 있을 것이다.

2

자기 계발은 절대 유튜브나 동영상으로 하지 마라

> **"좋은 책은 과거의 가장 훌륭한 사람들과 대화하는 것과 같다."**
> – 데카르트

자기 계발을 위해 유튜브나 동영상에 의존하지 말고, 독서를 통한 학습을 추구하라. 이것은 내가 자기 계발 공부를 시작할 때 결심한 방법이다. 동영상은 시각적이고 청각적인 자극을 통해 정보를 빠르게 전달하지만 그 정보는 쉽게 휘발된다. 반면, 책은 깊이 있는 이해와 장기 기억을 돕는다.

동영상은 접근성이 뛰어나고 시청이 편리하며 다양한 정보를 제공하지만, 그 정보의 특성상 휘발성이 강하다. 연구에 따르면 동영상으로 습득한 지식은 일시적으로 저장되었다가 쉽게 사라질 가능성이 크다. 또한, 동영상 학습은 수동적이다. 시청자는 영상을 보고 듣는 것에만 집중하게 되며 적극적으로 참여하지 않는 경우가 많다. 이는 정보의 수용과 이해를 얕게 만들며 깊이 있는 사고와 분석을 방해한다.

반면, 독서를 통한 학습은 여러 면에서 더 깊고 효과적이다. 책을 읽는 과정에서는 촉각, 후각, 청각 등 다양한 감각이 동시에 사용되며, 다감각적 자극은 정보가 더 오래 기억되고 내면화되기 쉽게 만든다. 또한, 독서는 능동적인 사고를 요구한다. 독자는 텍스트를 이해하고 해석하기 위해 더 많은 노력을 기울여야 하며 이것은 비판적 사고와 문제 해결 능력을 향상시키는 데 도움이 된다.

독서는 보다 깊이 있는 학습을 가능하게 한다. 동영상은 제한된 시간 내에 많은 정보를 전달해야 하기 때문에 내용이 다소 피상적일 수밖에 없다. 반면, 책은 주제를 더 깊이 있게 탐구할 수 있는 기회를 제공하며, 독자가 스스로 학습 속도와 범위를 조절할 수 있게 한다. 또한, 이는 학습의 질을 높이는 중요한 요소가 된다.

그리고 독서를 통한 학습은 집중력과 인내심을 기르는 데에도 유익하다. 현대 사회는 빠르게 변화하고, 우리는 많은 정보가 즉각적으로 전달되는 환경에 익숙해져 있다. 그러나 책을 읽는 경험은 독자가 보다 깊이 있게 집중할 수 있는 능력을 길러 주며, 다른 학습이나 작업에도 긍정적인 영향을 미친다.

독서를 통해 얻은 지식은 또한 더 넓은 시야를 제공한다. 책은 다양한 관점과 깊이 있는 내용을 다루기 때문에 독자가 보다 넓은 시야를 가질 수 있도록 돕는다. 이것은 단순히 지식의 양을 늘리는 것이 아니라, 다양한 관점을 이해하고 수용하는 능력을 키워 준다. 또한, 독서는 인간관계에도 긍정적인 영향을 미친다. 독서는 독자가 다양한 인물과 상황을 경험하게 함으로써 공감 능력을 키워 준다.

좋은 책은 독자에게 깊은 감동과 영감을 줄 수 있으며 자기 계발의 중요한 원동력이 된다. 동영상이 즉각적인 자극을 제공하는 데 반해, 책은 더 깊은 정서적 연결을 형성할 수 있는 매개체가 된다. 책을 통해 경험한 감동과 영감은 독자의 내면에 깊이 새겨져 지속적인 자기 계발의 원동력이 된다.

독서는 인간의 정신적 성장을 돕는 중요한 도구로서 심리적 안정과 자기 성찰을 가능하게 한다. 책을 읽는 동안 독자는 자신을 되돌아보고, 자신의 가치관과 신념을 재평가하는 기회를 갖게 된다. 이는 개인의 성숙을 도모하고 더 나은 인간으로 성장할 수 있는 기회를 제공한다.

지난해 우리나라 성인의 60%가 독서를 하지 않았다

이 통계에 따르면, 만약 당신이 1년에 단 한 권의 책이라도 읽는다면, 당신은 우리나라 전체 성인의 상위 40%에 속하게 된다. 이것은 충격적이게도 나머지 60%의 사람들이 대부분 자기 계발을 위한 최소한의 노력조차 하지 않고 있다는 것을 의미한다. 얼마나 이들을 압도하기 쉬운가.

생각해 보라. 당신이 1년에 한 권의 책을 읽는 것만으로도 상위 40%에 들 수 있다. 이는 책 한 권의 지식이 얼마나 큰 가치를 지니고 있는지를 보여 준다. 독서를 통해 얻는 정보와 지혜는 단순히 숫자 이상의 힘을 가진다. 그리고 당신을 더 똑똑하게 만들고, 더 많은 기회를 열어줄 것이다.

또한, 독서를 한다고 응답한 성인들조차도 1년에 평균 3.9권의 책을 읽는다고 한다. 만약 당신이 1년에 4권 이상의 책을 읽는다면, 당신은 이 상위 그룹에서도 평균을 넘어서게 된다. 다시 말해, 당신은 그들 중에서도 더 앞서 나가게 되는 것이다. 얼마나 강력한 메시지인가?

자신을 폭발적으로 발전시키고, 더 나은 삶을 살기 위해 독서는 필수적이다. 당신이 1년에 4권 이상의 책을 읽는다면 당신은 단지 상위 40%에 속하는 것이 아니라 그중에서도 선두에 서게 될 것이다. 이것은 당신의 삶을 획기적으로 변화시키고 더 많은 성공 기회를 제공할 것이다. 독서를 통해 더 나은 자신을 만들어 가라. 이는 당신의 인생에 있어서 가장 파괴적이고도 강력한 투자가 될 것이다.

정리하자면 자기 계발을 위해 유튜브나 동영상에만 의존하지 말고, 독서를 통한 학습을 적극적으로 권장한다. 책은 다양한 감각을 자극하며 깊이 있는 이해와 장기적인 기억을 도와준다. 또한, 비판적 사고와 문제 해결 능력을 향상시키고 집중력과 인내심을 길러 주며 넓은 시야와 깊은 정서적 경험을 제공한다. 그렇기에 책을 통한 학습은 자기 계발의 가장 효과적인 방법 중 하나로 손꼽힐 수 있다. 자기 계발을 위해 책과 친해지는 것이 무엇보다 중요하다. 책을 통해 얻은 지식과 지혜는 개인의 삶을 풍요롭게 만들고 더 나은 미래를 위한 밑거름이 될 것이다.

자기 계발을 위한 독서는 단순히 정보를 습득하는 것이 아니라, 자신의 내면을 탐구하고 성장하는 과정이며 이를 가장 효과적으로 도와주는 도구이다. 독서를 통해 우리는 자신을 깊이 이해하고 더 나은 자신을 만들어 갈 수 있는 힘을 얻을 수 있다. 책은 우리의 지적 성장뿐만 아니라 감정적, 정신적 성장을 도와주며, 우리를 더 넓은 세계로 이끌어 준다. 자기 계발을 위해 유튜브나 동영상에 의존하지 않고 책을 통해 깊이 있는 학습을 추구하는 것은 우리의 삶을 더욱 풍요롭게 만들고 진정한 성장을 이룰 수 있는 길이다.

3

분수에 맞게 살아라

"분수에 맞게 사는 사람은 언제나 평화롭다."
– 세네카

"분수에 맞게 살아라."는 인간의 삶에서 중요한 지침이다. 이것은 자신이 처한 현실적 상황을 명확히 인식하고 그에 맞추어 생활하는 것을 의미한다. 삶을 살아가기 위해서는 때때로 단호하게 "아니요."라고 말할 수 있는 용기가 필요하다. 이는 충동이나 유혹에 굴복하지 않고 즉시 거부할 수 있는 능력을 의미한다. 그러나 많은 사람들은 길을 선택할 용기가 부족하다. 그들은 순간적인 만족과 즐거움에 치중하며 자기 절제를 훈련하지 않는다. 그 결과, 유혹에 굴복하고 무너져 내리며 일시적인 쾌락에 빠져든다.

현대 사회에서 과도한 소비 지향적인 생활은 매우 흔한 현상이다. 광고와 미디어는 끊임없이 새로운 제품과 서비스를 소개하며 소비가 곧 행복이라는 메시지를 전달하고, 사람들에게 필요 이상의 소비를 하도록 부추긴다. 또한, 소셜 미디어는 다른 사람들의 삶과 쉽게 비교할 수 있는 환경을 제공하여 더 나은 물건을 사고 더 화려한 삶을 살아야 한다는 압박감을 조성한다. 결국, 압박은 사람들로 하여금 분수에 맞지 않는 생활을 하게 만들고 결국 과도한 지출로 이어진다.

과도한 소비 성향은 많은 사람들을 빚의 소용돌이에 빠뜨린다. 수입보다 지출이 많아지면서 점점 더 많은 사람들이 부채를 안고 살아가게 되고 결국 경제적 어려움과 정신적 스트레스로 이어진다. 부채가 쌓이면서 생활비를 충당하기 어려워지고 결국 기본적인 생계마저 위협받는 상황에 이른다. 경제적 압박 속에서 일부 사람들은 불법적인 방법으로 돈을 마련하려 하거나 부정직한 행동을 저지르게 되기도 한다. 이는 개인의 삶뿐만 아니라 사회 전반에 걸쳐 부정적인 영향을 미치며 신뢰와 도덕성을 저해하는 결과를 초래한다.

이러한 삶의 태도를 가진 사람들은 종종 사회적 평판에서도 부정적인 평가를 받는다. 사람들은 그가 '분수에 맞지 않게 살았다.'고 말할 것이다. 그는 자신의 현실을 직시하지 않고 과도한 소비와 낭비 속에서 살아가며 자신의 욕망을 억제하지 못해 결국 스스로를 파괴하는 길을 선택하게 된다.

위와 같은 사람들은 친구들에게 우정을 들먹이며 돈을 빌리고 꼭 갚겠다고 약속하지만, 결국 모든 돈을 탕진하고 나면 아무도 그를 도와주지 않고 그는 점점 더 깊은 절망에 빠지게 된다.

분수에 맞게 살지 못하는 사람에게 가장 큰 적은 바로 자기 자신이다. 이런 사람들은 처음에는 주변 사람들에게 인기를 끌고 많은 친구를 사귈 수 있을지 모르지만 결국에는 자신에게 아무런 도움이 되지 않는다는 것을 깨닫게 된다. 그가 가진 돈을 금방 써 버린 뒤에는 아무도 그를 도와주지 않고 그는 점점 더 깊은 절망에 빠지게 된다. 그는 자신의 상황을 직시하지 못하고 끝없이 타인의 도움을 구하면서도 스스로는 아무런 노력도 하지 않는다. 결국 그는 모든 것을 잃고 마지막에는 자신을 파멸로 이끈다.

따라서 우리는 자신의 분수에 맞게 살아야 하며 적절한 때에 "아니요."라고 말할 수 있는 용기를 가져야 한다. 이것은 단순히 물질적인 측면뿐만 아니라 정신적, 감정적 측면에서도 자기 절제와 책임감을 가져야 함을 의미한다. 이러한 태도를 통해 우리는 더 건강하고 안정적인 삶을 살 수 있으며 주변 사람들과의 관계에서도 진정한 신뢰와 존경을 받을 수 있게 될 것이다.

"분수에 맞게 살아라."는 단순한 격언이 아니라 우리가 삶을 살아가는 데 있어서 중요한 가르침을 담고 있다. 이를 통해 우리는 자신의 한계를 인식하고, 자신에게 맞는 생활을 영위하며, 타인과의 관계에서도 진정한 신뢰와 존경을 받을 수 있게 될 것이다. 사회적, 경제적, 환경적 측면에서 모두에게 긍정적인 영향을 미치는 태도는 우리 모두가 지향해야 할 바람직한 삶의 방식이다. 이러한 태도는 당신의 행복과 가정의 안녕을 가져다줄 것이다.

4

▼
▼
▼

가난하면 멸시당하고 부귀하면 경외받는다

"가난한 사람은 아무리 친한 친구라도 멀리하지만,
부유한 사람은 낯선 이마저도 가까이하려 한다."
– 공자

소진은 전국시대의 뛰어난 외교가이자 전략가로, 그의 인생은 끊임없는 노력과 끈기의 상징이다. 젊은 시절부터 학문에 매진하며 자신의 뜻을 펼치고자 했지만 여러 차례 실패를 겪었다. 그러나 그는 수많은 역경을 극복하고 결국 성공을 거두었으며 그의 인생은 많은 사람들에게 중요한 교훈을 남겼다.

"나는 똑같은 사람인데 내가 부유해지자 일가친척이 경외하고, 가난할 때는 경시하니 하물며 다른 사람들은 오죽하겠는가! 만약 내가 낙양 근교의 좋은 밭 두 마지기만 있었다면, 설마 6국 재상의 인수를 찰 수 있었을까?"

이 명언은 소진이 자신의 인생을 돌아보며 느낀 감정을 잘 표현하고 있다. 그는 부유할 때는 친척들이 자신을 경외하고 가난할 때는 자신을 경시하는 현실을 경험했다. 이는 인간관계의 본질을 꿰뚫어 보게 만든다. 소진은 경험을 통해 인간의 본성을 깨달았고 자신의 성공이 단지 운이나 재능뿐만 아니라 끊임없는 노력과 상황에 대한 이해에서 비롯되었음을 인식했다.

사람들은 부유하고 성공한 사람을 존경하며 따르지만, 가난하고 실패한 사람을 무시하는 경향이 있다. 이것은 인간관계에서 자주 나타나는 현실이며 소진은 이를 깊이 깨달았다. 그는 자신의 현재 처지에 굴하지 않고 그것을 이겨내기 위해 학문에 매진했다. 그의 가치는 단지 물질적 풍요로움에 의존하지 않았다. 소진은 자신의 가치를 증명하기 위해 끊임없이 노력했고 결국에는 성공을 이루었다.

소진의 성공은 단순히 운이나 재능에서 비롯된 것이 아니다. 그는 여러 번의 실패에도 불구하고 포기하지 않고 끊임없이 노력했다. 이는 우리가 어려움에 직면했을 때 포기하지 않고 꾸준히 도전해야 한다는 교훈을 준다. 실패를 통해 배우고, 이를 바탕으로 더 나은 전략을 세우며, 목표를 향해 한 걸음 한 걸음 나아갔다.

소진의 명언은 그의 인생 경험을 통해 얻은 깊은 통찰을 반영하고 있다. 부유와 가난에 대한 인간의 태도를 경험하며 자신의 가치와 능력을 믿고 끊임없이 노력한 결과로 성공을 이루었다. 그의 이야기는 자기 신뢰와 목표 의식, 학문과 지식의 중요성 그리고 끈기와 노력의 가치를 일깨워 준다. 소진의 인생은 많은 사람들에게 영감을 주며 어떠한 역경에도 굴하지 않고 목표를 향해 나아가는 자세의 중요성을 강조한다.

소진의 경험은 현대 사회에서도 유효한 교훈을 제공한다. 많은 사람들이 고난에 처했을 때 자신의 신세를 한탄하며 좌절한다. 그러나 소진의 이야기는 그러한 태도 대신 자신의 능력과 가치를 의심하지 않고 끊임없이 분투할 때 번영을 이룰 수 있음을 보여 준다. 이러한 극한의 상황은 우리에게 더 큰 동기부여를 주고, 더 큰 목표를 설정하게 해 주며, 이를 향해 매진하도록 한다.

또한, 인간관계의 본질을 이해하는 데에도 도움을 준다. 사람들은 성공한 사람에게 경의를 표하지만, 실패한 사람에게는 무관심하거나 경멸하는 경향이 있다. 이는 사회적 관계에서 자주 나타나는 현상이며 이를 이해함으로써 우리는 더 나은 인간관계를 형성하고 서로를 더 잘 이해할 수 있다. 소진의 경험은 인간관계의 본질을 꿰뚫어 보게 하며 우리에게 더 성숙한 태도로 사람들을 대할 것을 가르쳐 준다.

소진의 명언은 그의 시대를 넘어 오늘날에도 큰 의미를 갖는다. 그의 끈기와 노력, 학문에 대한 헌신은 우리가 어떠한 상황에서도 포기하지 않고 목표를 향해 나아가는 데 큰 영감을 준다. 그의 명언은 우리에게 중요한 교훈을 주며 현실의 어려움과 역경을 극복하고 자신의 꿈을 이루기 위해 꾸준히 노력해야 한다는 것을 상기시킨다.

정리하자면, 소진의 삶은 인간관계에서 부유와 가난에 따라 태도가 변하는 현실을 깨닫고 자신의 가치와 능력을 믿으며 자신의 목적을 향해 달려가야 한다는 중요한 교훈을 준다.

5

고난은 피하려고 하면 더 크게 다가온다

"고난은 우리가 더 나은 사람이 되기 위해 겪어야 하는 성장의 과정이다."
– 어니스트 헤밍웨이

코인 투자 실패의 부끄러운 자화상은 가까운 사람들만 알고 있다. 나는 실패를 알리기 부끄러웠고 한심한 사람으로 보이고 싶지 않았기 때문이다. 당시의 고난은 정말 힘들었지만 지금 돌이켜보면 오히려 나를 성장시키는 동력이 되었다. 성공한 사람들은 대부분 나와 같은 큰 실패를 경험했다. 가난과 고난, 열등감 때문에 죽기 살기로 노력하고 인내심을 키운 그들은 어려움이 결단력을 강화시키고 끈기를 키우며 창의성을 발휘하도록 했다.

그리고 고난과 역경은 포기하지 않고 계속 도전하게 만드는 원동력이 되었다. 만약 고난이 없었다면 성공자들의 재능과 능력은 절대 깨어날 수 없었을 것이다. 이들은 자신에게 닥친 어려움을 극복하면서 새로운 기회를 발견하고 더 큰 목표를 향해 나아갔다. 그 과정에서 자신만의 길을 개척하고 다른 사람들에게 영감을 주는 존재가 되었다. 고난이 없었다면 그들의 잠재력은 발휘되지 못했을 것이다. 성공의 배경에는 언제나 그들이 견뎌낸 수많은 고난과 그것을 통해 얻은 값진 경험들이 자리하고 있다.

어떤 분야에서 두각을 나타내기로 결심했다면 고난은 필수 불가결임을 명심해야 한다. 그리고 그 고난을 통해 아침에 깨어나서 잠들 때까지 단 한 순간도 목표를 잊어서는 안 된다. 성공은 결코 우연히 이루어지는 것이 아니며 꾸준한 노력과 집중이 필요하다. 당신이 세운 목표는 당신의 삶의 중심이 되어야 하며 모든 행동과 결정은 그 목표를 향해 나아가는 방향으로 이루어져야 한다.

매일 아침 눈을 뜨는 순간부터 그 목표를 떠올리며 하루를 시작하라. 목표를 이루기 위해 오늘 무엇을 해야 할지 계획하고 그 계획을 실행에 옮기기 위해 필요한 모든 노력을 기울여야 한다. 작은 일상적인 일조차도 목표와 연결될 수 있도록 의식적으로 생각하고 행동하라. 이렇게 하면 목표를 향해 나아가는 과정에서 자연스럽게 집중력을 유지할 수 있다.

또한, 하루를 보내면서 목표를 항상 염두에 두어라. 중요한 결정을 내려야 할 때 그 결정이 목표에 얼마나 기여할 것인지 생각하라. 만약 목표와 관련이 없는 일이 발생하더라도 그것이 목표를 달성하는 데 방해가 되지 않도록 관리해야 한다. 목표를 이루기 위해서는 때로는 희생이 필요하며 불필요한 일이나 활동을 줄이는 것도 그 일환이다.

끊임없는 노력도 필요하다. 그저 단순히 일하는 시간을 늘리는 것이 아니라 목표에 도달하기 위해 더 효과적으로 일하는 방법을 찾는 것을 의미한다. 당신이 선택한 분야에서 두각을 나타내기 위해서는 지속적인 학습과 자기 계발이 필수적이다. 새로운 지식과 기술을 습득하고 자신의 역량을 끊임없이 향상시키기 위해 노력해야 한다.

『명상록』의 저자인 로마 황제 마르쿠스 아우렐리우스는 항상 자기 전에 하루를 되돌아보며 올바른 방향으로 나아갔는지 성찰했다. 무소불위의 권력을 가진 황제도 매일 잠들기 전에 하루를 성찰했는데, 당신은 무얼 하고 있는가? 당장 하루의 끝에서 목표를 다시 한번 돌아보고 오늘 하루 동안 목표를 향해 얼마나 나아갔는지 평가하며 무엇을 더 개선할 수 있을지 생각하라. 자기 평가와 반성의 과정은 더 나은 방향으로 나아가는 데 도움을 줄 것이다. 목표를 이루기 위해 필요한 모든 자원을 최대한 활용하고 시간을 효율적으로 관리하라.

목표를 잊지 않기 위해서는 스스로를 독려하는 것도 필요하다. 자신의 성과를 기록하고 작은 성취도 기뻐하며 앞으로 나아갈 동기를 부여하라. 목표가 얼마나 중요한지, 그것을 이루었을 때 어떤 보람과 만족을 느낄 수 있을지 상상해 보라. 긍정적인 상상은 의지를 더욱 굳건하게 만들어 줄 것이다.

당신이 목표를 향해 나아가는 여정은 쉽지 않다. 많은 어려움과 장애물이 있을 것이다. 그러나 결심한 바를 잊지 않고 끊임없이 노력한다면 그 목표는 점점 더 가까워질 것이다. 아침에 깨어나서 잠들 때까지 목표를 잊지 않고 목표를 향해 한 걸음씩 나아가는 과정이야말로 진정한 성공의 비결이다.

사람이 살아가는 데 진정으로 필요한 것은 우연성이 아니라 확고한 목적의식과 끈기이다. 우리의 인생은 단순한 우연에 의해 좌우되지 않으며 진정한 성공은 확고한 목적의식과 그 목적을 향해 끊임없이 나아가는 끈기에서 비롯된다. 목적이 없는 삶은 방향성을 잃기 쉽고 목표를 이루기 위한 구체적인 계획과 실행이 없는 사람은 그저 하루하루를 허비하게 된다.

우리가 추구해야 할 것은 명확한 목표와 그 목표를 이루기 위한 강한 의지이다. 확고한 목적의식은 삶을 살아가는 이유를 제공하며 그 목적을 달성하기 위해 필요한 에너지를 준다. 목적이 뚜렷한 사람은 어떠한 어려움이 닥쳐도 포기하지 않고 목표를 이루기 위해 끝까지 노력한다. 이들은 목표를 향해 끊임없이 나아가며 그 과정에서 필요한 기술과 지식을 습득하고 다양한 경험을 통해 자신을 성장시킨다.

나약하고 게으르며 아무 목적도 없는 사람에게는 우연한 행운도 일어나지 않는다. 그들은 스스로를 변화시키려는 노력도 하지 않고 단지 운에만 의존하려 한다. 하지만 그런 행운은 준비된 자에게만 찾아오는 법이다. 준비되지 않은 사람에게 행운은 그저 스쳐 지나갈 뿐이며 그들은 기회를 잡지 못하고 놓치게 된다. 슬프게도 행운을 맞이할 준비가 되어 있지 않기 때문이다.

행운은 단지 무작위로 주어지는 것이 아니라 그 행운을 받을 준비가 되어 있는 사람에게 주어지는 것이다. 준비된 사람은 주어진 기회를 최대한 활용할 수 있으며 이를 통해 더욱 큰 성공을 이룰 수 있다. 그들은 행운이 찾아왔을 때 그것을 잡을 준비가 되어 있으며 그 기회를 통해 더 큰 목표를 향해 나아간다.

우연에만 의존하는 사람들은 자신을 발전시키려는 노력을 하지 않기 때문에 기회가 왔을 때 그것을 알아보지 못하고 놓치게 된다. 반면, 확고한 목적의식과 끈기를 가진 성공한 사람들은 매일의 작은 노력들이 모여 큰 성과를 이루게 되고 자신이 원하는 바를 분명히 알고 있으니 이를 이루기 위해 필요한 모든 노력을 기울인다. 이러한 노력은 결국 행운을 끌어당기는 힘이 된다. 그렇기에 확고한 목적의식과 끈기를 바탕으로 자신의 삶을 개척해 나가야 한다.

6

당신은 너무나도 성공하기 좋은 세상에 살고 있다

"모든 세대는 그 이전 세대까지 선조들이 이미 축적해 놓은 기반 위에서 출발한다."
— 애덤 퍼거슨

애덤 퍼거슨은 인간이 동물과 달리 개체로서뿐만 아니라 종으로서도 진보한다고 강조한다. 동물은 주어진 수명 내에서 자신의 본성을 최대한 발휘한다. 이것은 동물의 삶이 주로 생물학적이고 본능적인 과정에 따라 진행된다는 것을 의미한다. 동물은 자신의 유전적 본성과 환경적 요인에 의해 결정되는 삶의 궤적을 따른다.

그러나 인간은 개체로서의 성숙과 완성을 추구할 뿐만 아니라, 세대를 거듭하면서 지식과 문화를 축적하고 발전시킨다. 인간은 학습하고, 창조하고, 전수하는 능력을 통해 세대를 이어가며 진보한다. 모든 세대는 그 이전 세대가 이루어놓은 기반 위에서 출발하며, 이는 인류 사회가 지속적으로 진보하고 발전하는 원동력이다.

인류의 진보는 여러 측면에서 이루어진다

첫째, 지식과 기술의 축적이다. 예를 들어 불의 사용, 농업의 발명, 인쇄술의 발명, 전기의 발견 등은 인류의 발전에 기여한 중요한 기술적 혁신들이다. 기술적 혁신은 수많은 세대에 걸친 노력과 발견, 실패와 성공의 결과물이다. 현재의 우리는 이러한 축적된 지식과 기술을 바탕으로 새로운 것을 창조하고 발전시켜 나간다.

둘째, 문화와 예술의 발전이다. 인류는 세대를 거듭하면서 다양한 문화적 표현과 예술적 창조물을 만들어 냈다. 예술과 문화는 우리의 삶을 풍요롭게 하고 우리의 정체성을 형성하며 우리의 경험을 공유하고 가치를 전달하는 중요한 수단이다.

셋째, 사회적, 정치적 구조의 발전이다. 인류는 세대를 거듭하면서 더 나은 사회적, 정치적 구조를 만들기 위해 노력해 왔다. 이는 더 공정하고 더 자유롭고 더 평등한 사회를 만들기 위한 노력의 일환이다. 예를 들어, 민주

주의의 발전, 인권의 확립, 법치주의의 발전 등은 인류의 진보를 보여 주는 중요한 예들이다.

윤리적, 도덕적 발전도 인류 진보의 중요한 측면이다. 인간은 세대를 거듭하면서 더 나은 윤리적, 도덕적 기준을 세우고 이를 실천하기 위해 노력해 왔다. 이것은 우리의 행동과 선택이 단지 개인의 이익을 넘어 더 큰 사회적, 도덕적 가치에 기여하도록 만드는 것이다.

과학적 발전 또한 중요한 역할을 한다. 과학은 인류의 이해를 확장시키고 우리의 삶을 개선하는 데 필수적인 역할을 한다. 예를 들어, 의학의 발전은 우리의 삶의 질을 크게 향상시켰고 다양한 질병을 치료하거나 예방할 수 있게 했다.

인간은 자신의 환경을 변화시키고 적응하는 능력을 갖추고 있다. 단순히 생물학적 적응을 넘어 문화적, 기술적 적응을 포함한다. 인간은 자신이 처한 환경을 이해하고 이를 개선하기 위해 노력한다.

우리는 선조들이 이루어 놓은 지식과 기술, 문화와 예술, 사회적, 정치적 구조, 윤리적, 도덕적 기준을 바탕으로 더 나은 삶을 만들어 나가야 한다. 이들은 우리의 삶을 더욱 풍요롭고 의미 있게 만드는 중요한 요소이다. 인류의 진보는 우리의 지식, 문화, 사회 구조, 윤리적 기준이 세대를 거듭하며 발전한 결과다. 우리는 진보의 혜택을 누리며 이를 바탕으로 더 나은 미래를 만들어 나가야 한다.

우리는 지금 성공하기에 너무나도 좋은 세상에 살고 있다. 선조들이 축적한 지식과 경험을 바탕으로 우리는 더 나은 삶을 향해 나아갈 수 있다. 축적된 기반 위에서 우리는 더 큰 목표를 설정하고 그 목표를 이루기 위해 노력해야 한다. 이것만이 단순한 개인의 성장이 아니라 인류 전체의 발전에 기여하는 길이다.

Chapter 3

성공을 가로막는 핑계에서 벗어나라

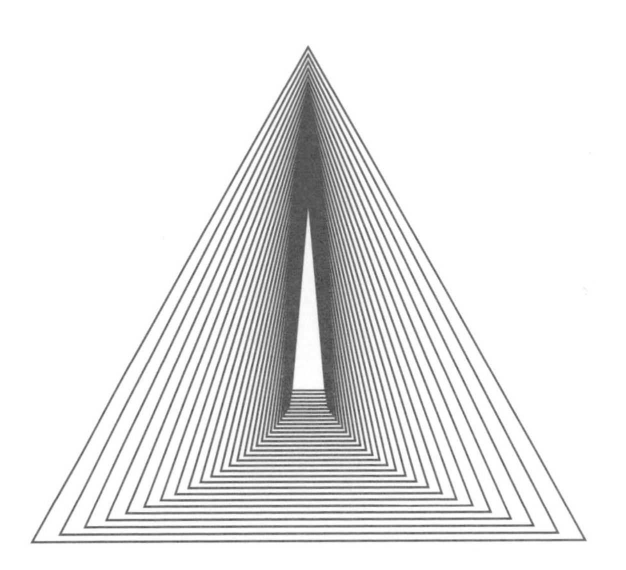

A m b i t i o n

A m b i t i o n

엠비션은 핑계의 벽을 허물 때 비로소 시작된다. 더 이상 실패의 이유를 찾지 말고, 성공의 방법을 찾아라. 진정한 야망은 도전에 맞서 싸울 용기에서 비롯된다. 포부를 이루기 위해서 모든 핑계를 버리고 앞으로 나아가라.

1

열등감은 당신의 성공을 보장하는 밑천이다

> **"열등감은 당신이 무언가를 개선할 기회를 제공하는 신호일 뿐이다."**
> – 엘렌 클레런스

열등감은 자신을 다른 사람보다 열등하거나 가치가 낮다고 느끼는 감정 상태를 의미한다. 누구나 열등감을 갖고 있지만 대부분의 사람들은 이를 숨기기 급급하다. 이는 '열등감'이라는 단어 자체가 주는 부정적 의미 때문일 것이다. 사람들이 열등감을 생각할 때 떠올리는 이미지는 종종 못나 보이거나 한심한 사람이라는 의미가 가득 담겨 있다. 그러나 열등감은 결코 부끄러운 것이 아니다. 오히려 열등감은 건강하고 정상적으로 노력하고 발전하는 데 있어 매우 중요한 역할을 한다.

열등감은 스스로를 객관적으로 바라볼 기회를 제공하며 자신의 한계를 인식하고 이를 극복하려는 동기부여를 준다. 즉, 개인의 성장과 발전을 촉진하는 원동력이 될 수 있다. 예를 들어, 특정 분야에서 다른 사람보다 뒤처진다고 느낄 때 그 열등감이 도리어 더 열심히 공부하고 연습하도록 이끌 수 있으며 결국 자기 발전으로 이어진다.

위대한 심리학자 알프레드 아들러는 "인류의 모든 역사는 열등감 극복의 역사이다."라고 표현하며 인간 행동과 사회 발전의 근본 동력으로서 열등감의 역할을 강조했다. 아들러의 이 말은 단순히 개인의 심리적 경험을 넘어서 인류 전체의 역사와 문명의 발전 과정에서 열등감이 얼마나 중요한 역할을 했는지를 설명하고 있다.

고대 문명에서 사람들은 자연의 힘에 대해 열등감을 느꼈다. 그리고 열등감을 극복하려는 노력의 일환으로 농업, 건축, 천문학 등 다양한 기술과 과학이 발달했다. 이집트의 피라미드나 메소포타미아의 관개 시스템 등은 자연의 위협을 극복하려는 인간의 의지를 보여 주는 사례다. 이러한 문명적 성취는 열등감을 극복하기 위한 인간의 끊임없는 노력의 결과이다.

중세 시대에는 열등감을 극복하려는 욕구가 종교와 철학의 발전을 촉진했다. 인간은 자신의 존재와 우주에 대한 궁금증을 해결하기 위해 신학과 철학을 발전시켰다. 이것은 인간이 자신을 이해하고 자신의 위치를 파악하며 더 나은 존재가 되기 위한 노력의 일환이었다. 이 과정에서 수많은 사상가와 철학자들이 등장하여 인류의 지적 발전을 이끌었다.

근대와 현대에 들어서면서, 열등감은 과학기술의 혁신을 이끄는 중요한 동기가 되었다. 산업혁명은 인간이 신체적 한계를 극복하고 더 효율적인 생산 방식을 찾기 위한 노력의 결과로 발생했다. 현대 사회에서는 정보 기술, 생명공학, 우주 탐사 등 다양한 분야에서 열등감을 극복하기 위한 인간의 노력이 지속되고 있다. 이 모든 과정에서 열등감은 인류가 더 높은 목표를 향해 나아가도록 이끄는 중요한 동기가 되었다.

돌이켜 보면, 주위 사람들이 항상 나보다 앞서 나가는 것을 보고 열등감을 느끼며 살아왔다. 나에게 이 열등감이란 놈은 성공의 원동력이자 디젤 엔진이었다. 다른 사람들이 나보다 더 나은 위치에 있는 것을 보고 더 열심히 노력해야겠다고 결심했고 그 결심이 결국 나를 성공으로 이끌었다. 그때마다 열등감을 동력 삼아 매일 더 나은 내가 되기 위해 끊임없이 노력했다. 다른 사람들과의 비교는 나에게 자극이 되었고 목표를 향해 나아가는 데 큰 도움이 되었다.

그러나 시간이 흘러 경제적으로나 사회적으로 주위 사람들을 초월한 지금, 나는 더 이상 주위 사람들에게 열등감을 느낄 필요가 없어졌다. 이제는 그들과 비교하며 자신을 평가하지 않아도 될 만큼의 위치에 이르렀다. 더 이상 주위 사람들보다 뒤처져 있다는 생각에 사로잡히지 않고, 그들보다 앞서 있다는 자신감을 가지게 되었다. 상황 변화는 나에게 새로운 시각을 열어 주었으며 더 이상 열등감에 얽매이지 않게 되었다.

하지만, 이 열등감으로 만들어진 꾸준하게 노력하는 습관은 이제 내 인생의 전기차 엔진이 되어 작동하고 있다. 더 이상 열등감을 느끼지 않더라도 나는 계속해서 목표를 향해 나아가고 있다. 과거의 열등감이 나에게 노력의 중요성을 깨닫게 했고, 자동적으로 더 나은 성과를 위해 노력하는 이 습관은 나의 새로운 동력이 되었다.

나의 인생은 이제 더 이상 열등감에 의해 좌우되지 않는다. 주위 사람들과의 비교도 더 이상 나의 삶을 지배하지 않는다. 이제는 나 자신이 설정한 기준에 따라 나 자신의 성장과 발전을 위해 살아간다. 열등감 없이도 꾸준히 노력하는 이 습관은 나의 새로운 원동력이 되었고 나는 그것에 감사하며 살아간다.

열등감은 나를 여기까지 오게 한 중요한 동기였지만 이제는 그것이 없어도 나는 나아갈 수 있다. 내가 열등감을 극복하고 만들어 낸 노력의 습관은 나를 성공으로 이끄는 중요한 요소가 되었고 그 습관은 이제 나의 삶의 일부가 되었다. 이제 성공은 더 이상 주위 사람들과의 비교가 아닌 나 자신의 성취와 발전에 달려 있다.

2

▼
▼
▼

변명은 집어치우고
이제 좀 움직여라!

"그대에게 무엇이 매일매일의 역사인가?
그것을 구성하는 그대의 습관을 돌아보라!
그것은 무수히 많은 사소한 비겁과 나태의 산물인가,
아니면 용기와 창조적 이성의 산물인가?"
– 니체

성공하지 못한 사람들의 공통점은 항상 합리화를 한다는 것이다. 합리화는 자신의 단점을 인정하는 것이 아니라 오히려 자기 자신을 속이는 행위이며 변화를 시도하지 않도록 만드는 것이다. 합리화는 현실을 직시하지 않고 자신의 약점을 마주하기를 피하게 만든다. 이렇게 자신을 속이는 과정에서 그들은 안락한 현상 유지에 머물게 되고 새로운 도전을 할 용기를 잃는다.

새로운 도전을 피하는 사람들은 실패할까 봐 두렵고, 귀찮고, 창피할까 봐 합리화한다. 그들은 실패의 가능성을 두려워하여 아예 시도조차 하지 않는다. 실패에 대한 두려움이 너무 커서 그들은 도전을 시작하기 전에 이미 스스로에게 변명을 만들어 낸다. "나는 시간이 없어.", "지금은 적절한 때가 아니야.", "나는 이 일을 할 능력이 없어." 등 다양한 합리화가 그들을 가로막는다.

합리화는 결국 당신의 성장을 방해하고 잠재력을 발휘하지 못하게 하며 주어진 기회를 제대로 활용하지 못하고 매번 뒤로 미루는 습관을 만든다. 변화를 두려워하고 새로운 도전을 회피하는 태도는 정체 상태에 머물게 하며 지속적인 발전을 가로막는다. 그들은 자신의 안전지대에서 벗어나지 않으려 하며 이로 인해 진정한 성취감을 느끼지 못한다.

또한, 합리화는 당신 스스로 개선하려는 노력을 하지 않게 만든다. 자신의 단점을 인정하지 않고 그로부터 배우려 하지 않기 때문에 반복적으로 같은 실수를 하게 된다. 매번 변명만 말하는 이들은 외부 환경이나 타인을 탓하며 자신의 문제를 외면하는 경향이 있는데 이것은 성장과 발전을 저해하며 결국 성공으로 가는 길을 멀어지게 한다.

반면, 성공한 사람들은 절대 합리화하지 않고 오히려 자신의 문제를 통해 배우고 성장한다. 성공하는 사람들은 자신의 단점을 인정하고 그것을 극복하기 위해 끊임없이 노력한다. 새로운 도전을 두려워하지 않으며 실패를 성장의 발판으로 삼는다. 반면, 성공하지 못한 사람들은 합리화를 통해 자신의 단점을 감추고 도전을 피하며 변화를 두려워한다.

대부분의 사람은 합리화를 통해 자신의 단점을 외면하고 도전을 회피하며 변화를 두려워하는 공통점을 가지고 있으며 이는 성장을 가로막고 진정한 성공을 이루는 데 장애물이 된다. 합리화를 멈추고 자신의 단점을 인정하며 새로운 도전을 두려워하지 않는 태도가 성공을 위한 중요한 첫걸음임을 기억하라.

야속하게도 당신이 매번 변화를 시도하다가 중도에 포기하기 때문에 성공하는 사람들에게는 항상 기회가 있었다. 당신이 도전을 시작할 때마다 포기하는 순간, 그들이 그 기회를 붙잡아 성공으로 이끌었던 것이다. 매번 중도에 포기하는 것은 단지 실패로 끝나는 것이 아니라 당신이 이룰 수 있었던 많은 가능성과 기회를 놓치는 것이다.

성공한 사람들은 여러 번의 시도 끝에 결국 목표를 달성하는 법을 알고 있다. 당신이 포기한 그 순간에도 그들은 계속해서 노력하고 문제를 해결하며 자신을 성장시키고 있다. 이 과정에서 그들은 귀중한 경험을 쌓고 더 나은 방법을 찾아내며 결국 목표를 이뤄내는 것이다.

포기하지 않고 끝까지 도전하는 사람들은 실패를 두려워하지 않는다. 오히려 실패를 통해 배우고 그 경험을 바탕으로 더 나은 전략을 세운다. 그들은 매번의 실패를 성공으로 가는 과정의 일부로 받아들이고 이를 통해 더 강해지고 더 지혜로워진다.

성공은 운이나 재능만으로 이루어지는 것이 아니다

그것은 끊임없는 노력과 끈기 그리고 도전 정신이 결합된 결과이다. 당신이 중도에 포기할 때마다 성공한 사람들은 그 자리를 채우고 자신에게 주어진 기회를 최대한 활용한다. 그들은 끝까지 포기하지 않고 도전하며 이를 통해 목표를 달성하는 것이다.

또한, 변화를 추구하는 자세는 우리의 삶을 더욱 의미 있게 만든다. 우리는 자신의 삶을 주도적으로 이끌어 나가는 주체가 되고 이로 인해 더 큰 성취와 만족을 느낄 수 있다. 변명하지 않고 변화를 위해 끊임없이 노력하는 사람은 자신의 잠재력을 최대한 발휘할 수 있으며 더 나은 미래를 만들어 나갈 수 있다.

합리화하는 자들은 미래를 포기하는 것과 같다. 합리화를 통해 당장의 어려움에서 벗어날 수 있을지 모르지만 그로 인해 우리는 변화의 기회를 잃게 된다. 이는 결국 더 나은 미래를 위한 기회를 놓치게 되는 것이다. 그러므로 우리는 합리화 대신 실행을 선택하고 끊임없이 자신을 발전시키며 더 나은 미래를 향해 나아가야 한다. 이를 통해 우리는 진정한 성취와 만족을 느끼며 의미 있는 삶을 살아갈 수 있을 것이다.

인간 세상에서의 변화는 더욱 복잡하고 치열하다. 인간들 사이의 경쟁은 자연과의 싸움보다 훨씬 더 무섭고 힘들다. 자연에서 살아남기 위해서는 본능과 적응력이 필요하지만, 인간 사회에서의 생존 경쟁은 그보다 더 복잡한 능력과 전략을 요구한다. 우리는 동물이 자연에 적응하는 것보다 훨씬 자발적이고 신속하게 적응해야 한다.

인간 세상에서는 끊임없는 변화와 혁신이 일어나며 변화에 적응하지 못하면 쉽게 도태되고 만다. 기술의 발전, 경제의 변화, 사회적 변화 등은 우리의 삶을 끊임없이 변화시키지만 변화에 맞춰 나가는 것은 결코 쉬운 일이 아니다. 우리는 변화의 속도를 따라잡기 위해 항상 깨어 있어야 하며 새로운 지식과 기술을 습득하는 데 주저하지 말아야 한다.

만일 당신이 심리적 위안 따위나 바라며 환경 탓을 한다면 실패를 준비하는 사람밖에 될 수 없다. 변화를 두려워하고 현재의 상황에 안주하며 환경을 탓하는 태도는 결국 당신의 발전을 가로막으며 당신을 더 나은 미래로 나아가지 못하게 하고 현재의 어려움에 머무르게 만든다. 변화를 받아들이고 그에 맞춰 신속하게 적응하는 것이야말로 성공으로 가는 길이다.

당신은 끊임없이 자신을 발전시키고, 변화에 적응하기 위한 노력을 해야 한다. 이는 단지 생존을 위한 것이 아니라 더 나은 삶을 위한 필수적인 과정이다. 변화를 두려워하지 않고 오히려 변화 속에서 기회를 찾는 자세가 필요하며 그로 인해 당신을 더욱 강하게 만들고 더 큰 성취를 이루게 한다.

끝으로, 중국 최대의 기업 알리바바 창업주 마윈의 말을 기억하라.

"세상에서 가장 일하기 힘든 사람들은 가난한 사람들이다.

자유를 주면 함정이라 얘기하고, 작은 비즈니스를 얘기하면 돈을 별로 못 번다고 얘기한다.

큰 비즈니스를 얘기하면 돈이 없다고 하고, 새로운 것을 시도하자고 하면 경험이 없다고 한다. 전통적인 비즈니스를 얘기하면 어렵다고 하고, 새로운 비즈니스 모델이라고 하면 다단계라고 한다. 상점을 같이 운영하자고 하면 자유가 없다고 하고, 새로운 사업을 시작하자고 하면 전문가가 없다고 한다.

그들에게는 공통점이 있다.

구글이나 포털에 물어보기를 좋아하고, 희망이 없는 친구들에게 의견 듣는 것을 좋아하며, 자신들은 대학교수보다 더 많은 생각을 하지만 장님보다 더 적은 일을 한다.

그들에게 물어보라. 무엇을 할 수 있는지. 그들은 대답할 수 없다.

내 결론은 이렇다.

당신의 심장이 빨리 뛰는 대신 행동을 더 빨리하고, 그것에 대해 생각해보는 대신 무언가를 그냥 하라. 가난한 사람들은 공통적인 한 가지 행동 때문에 실패한다. 그들의 인생은 기다리다가 끝이 난다."

현재 자신에게 물어봐라. 당신은 가난한 사람인가?

3

성공을 위해 친구는 멀리해야 한다

"모든 성공적인 사람 뒤에는,
그들이 극복해야 했던 의심하는 친구들이 있다."
– 밥 딜런

어린 시절 나는 많은 친구를 사귀었지만 성공으로 향하는 과정에서 그들이 많은 걸림돌이 되었다. 성공을 추구하는 여정에서 친구들이 방해가 되는 이유를 자세히 설명해 보겠다.

우선, 당신 주위의 친구들은 아마 당신과 현재의 수준이 비슷한 사람일 가능성이 높다. 유유상종이라는 말이 있듯이 비슷한 사람들끼리 어울리게 마련이다. 이 말은 친구들로부터 어떠한 교훈이나 영감을 얻을 가능성이 매우 낮다는 것을 시사한다. 친구들이 가진 비슷한 생각과 수준은 당신의 성장을 방해하거나 제한할 수 있다. 새로운 시각과 자극이 부족한 상황에서는 자신을 뛰어넘는 발전을 이루기 어렵다.

또한, 친구들은 당신이 변화하고 성장하려 할 때 무의식적으로 저항할 수 있다. 이 모습은 '크랩 바구니 이론'으로 설명할 수 있다. 게를 바구니에 담아 두면 어떤 게가 탈출하려고 할 때 다른 게들이 그것을 붙잡아 끌어내린다. 이처럼, 당신의 친구들도 당신이 새로운 목표를 향해 나아갈 때 자신도 모르게 당신을 현재의 위치에 머물게 하려는 경향이 있다. 이것은 친구들이 악의적이어서가 아니라 변화에 대한 두려움과 안정을 추구하는 본능 때문이다.

안타깝게도, 친구들은 당신이 새로운 도전을 하려 할 때 비판적이거나 회의적인 태도를 보일 수 있다. 그들이 당신을 걱정해서일 수도 있고 자신이 도전하지 않는 이유를 합리화하려는 무의식적인 반응일 수도 있다. 친구들의 태도는 당신을 현재에 머무르게 만들며 결심과 자신감을 약화시켜 결국 목표를 향한 도전을 포기하게 만들 수도 있다.

사촌이 땅을 사면 배가 아프다

이 속담은 친구들도 예외는 아니다. 물론 모든 친구가 다 그렇지는 않다. 당신의 성공을 진심으로 응원하고 축하해 줄 수 있는 친구들도 분명 있을 것이다. 그러나 대부분의 사람은 그 정도의 정신적 성숙을 가지고 있지 않기 때문에 비슷한 수준의 친구가 너무나 아득히 추월해 버리면 복잡한 감정과 상황이 발생할 수 있다.

대부분의 사람들은 자신과 비슷한 수준에 있는 사람들과 어울린다. 그러나 한 친구가 갑작스럽게 큰 성공을 이루거나 다른 사람들보다 훨씬 앞서 나가게 되면 나머지 친구들은 질투, 시기, 열등감 등의 부정적인 감정에 휩싸일 수 있다. 여기서 파생되는 감정들은 친구 관계에 부정적인 영향을 미치고 심지어 관계를 악화시키거나 끊어지게 만들 수도 있다.

훌륭한 친구는 당신의 성공을 축하해 주는 것을 넘어서 당신의 성공에 자극을 받아 자신의 모습을 개선하고 나쁜 습관을 끊기 위해 노력할 것이다. 이런 친구는 당신의 성공을 질투하거나 시기하는 것이 아니라 그것을 자신의 성장 동력으로 삼는다. 그들은 당신의 성취를 보면서 자신도 할 수 있다는 희망을 얻고 자신의 한계를 뛰어넘기 위해 열심히 노력한다. 만일 이런 친구가 있다면 평생을 함께해야 할 막역지교인 것이다. 그 친구를 절대 잊지 않고 그 친구가 도전할 때 할 수 있는 한 최대한 많은 조언과 힘을 다해 도와주어라.

그렇지만 대부분의 친구들은 이를 이해할 만한 정신적 성숙을 가지지 못하기 때문에 비난하고 힐난하기 마련이다. 그 이유는 자신이 변화하기 위한 노력의 무거움과 포기해야 할 것들을 알기 때문이다. 이러한 반응은 방어기제의 일환으로 나타난다.

사람들은 자신의 삶에서 변화를 시도할 때 상당한 무게와 부담을 동반한다. 변화를 위해서는 기존의 안락함과 익숙함을 포기해야 하며 새로운 목표를 달성하기 위해 많은 노력이 필요하다. 대부분의 사람들은 변화를 시도하기보다는 현재의 상태에 안주하려는 경향이 있다. 이는 변화가 가져오는 고통과 실패에 대한 필연적인 두려움 때문이다.

당신의 성공은 친구들에게 자신이 이루지 못한 것들을 상기시키며 그들로 하여금 자신의 삶을 다시 돌아보게 만든다. 이 과정에서 친구들은 자신이 그동안 변화하기 위해 얼마나 적은 노력을 기울였는지, 또는 어떤 나쁜 습관에 빠져 있었는지를 깨닫게 된다. 이는 그들에게 큰 심리적 부담과 자괴감을 안겨 줄 수 있다.

또한, 변화는 희생을 요구한다. 친구들이 당신의 성공을 보면서 자신도 변화해야겠다고 느끼더라도, 그들은 곧 변화가 요구하는 희생과 노력을 직면하게 된다. 단순히 시간을 더 할애하거나 더 열심히 노력하는 것을 넘어서 익숙한 생활 패턴과 안락함을 포기해야 함을 의미한다. 이때 많은 사람들은 자신이 희생을 감내할 준비가 되어 있지 않음을 깨닫게 되고 그들로 하여금 당신의 성공을 부정적으로 바라보고 공격하게 만든다.

심리학적으로, 부정적인 감정은 방어기제의 형태로 나타난다. 방어기제는 개인이 불쾌한 감정이나 스트레스 상황에서 자신을 보호하기 위해 사용하는 무의식적인 심리적 전략이다. 친구들이 당신의 성공을 비난하고 힐난하는 것은, 그들이 자신의 부족함을 인정하지 않으려는 무의식적인 반응이며 자신이 변화하기 위해 필요한 노력을 피하려는 심리적 방어기제이고 동시에 자신의 현재 상태를 정당화하려는 시도이다.

이제 깨달았는가? 성공을 향하는 여정에서 친구와 멀어지는 것은 거의 필연적이며 이 과정에서 생겨나는 고독은 필수적이다. 이 과정에서 고독을 견디고 사랑하는가에 따라 당신의 성공이 결정된다. 이 고독이라는 양날의 검을 통해 당신은 자신의 목표에 더욱 집중할 수 있고 내면의 힘을 키울 수 있다. 고독을 두려워하지 말고, 그것을 성장의 기회로 삼아라. 고독은 성공의 중요한 동반자이며 당신을 더 강하고 승리하게 만들어 줄 것이다.

4

▼
▼
▼

입 닫치고 실행해라

> **"결과를 당연히 여기지 않고 가치를 부여하는 것, 스스로를 믿는 것, 자신을 희생하는 것, 용기를 갖는 것, 거기에 성공이 있다."**
> – 하워드 슐츠

어려움에 직면하면 항상 용기가 꺾이고, 위기 앞에서 주저앉는 사람이 있는가? 이런 사람은 큰일을 이루지 못할 것이다. 인생의 여정에서 우리는 수많은 도전과 어려움에 직면하게 된다. 이때 중요한 것은 어떻게 반응하느냐이다. 시련과 역경 앞에서 용기를 잃고 포기하는 사람은 결코 큰 성과를 이루지 못한다. 그들은 작은 난관에도 쉽게 좌절하며 자신을 둘러싼 어려움을 극복하려는 의지를 잃어버리며, 목표를 달성하기 위한 끈기와 결단력이 부족해진다.

폭풍 앞에서 무릎을 꿇는 자는 인생의 거친 파도에 맞서 싸우지 못한다. 그들은 어려움이 닥칠 때마다 두려움에 빠져 도망치거나 상황이 호전되기를 바라는 수동적인 태도로 일관하며 그들을 더 큰 불행과 실패로 이끌 뿐이다. 용기와 결단력이 없이는 인생에서 마주하는 수많은 도전들을 극복할 수 없다. 이들은 어려움에 직면할 때마다 자신감을 잃고 실패에 대한 두려움에 사로잡혀 더 이상 나아가지 못한다.

반면, 당신은 실행하려는 의지로 가슴이 벅찬 사람인가? 그렇다면 당신은 결코 실패하지 않을 것이다. 의지가 강력한 사람들은 어려움 앞에서 주저하지 않고 오히려 그것을 극복할 기회로 삼는다. 이들은 자신이 처한 상황을 냉철하게 분석하고 해결책을 찾아내기 위해 끊임없이 노력한다. 그들의 가슴은 불굴의 의지로 가득 차 있으며 어떤 시련이 닥쳐도 결코 굴복하지 않는다.

실행을 통해 인생을 정복하려는 의지를 가진 사람들은 오늘보다 내일 더 현명해진다. 성공자들은 자신이 설정한 목표를 향해 끊임없이 나아가며 도전과 시련을 통해 성장한다. 그들은 자신의 한계를 뛰어넘기 위해 노력하며 그 과정에서 얻은 경험과 지혜를 바탕으로 다른 사람들이 접근할 수 없는 압도적인 성과를 이룬다.

이들은 용기와 결단력으로 무장하고 있고 어떤 폭풍이 닥쳐도 결코 무릎을 꿇지 않는다. 이들은 자신이 처한 상황을 주도적으로 이끌어 나가며 어려움을 극복하기 위해 필요한 모든 노력을 기울인다. 주체적인 사람들은 언제나 긍정적인 태도로 삶을 대하며 그들의 불굴의 의지는 주변 사람들에게도 큰 영감을 준다.

큰일을 이루는 사람들은 실행하려는 의지로 가슴이 부풀어 있으며 그 의지가 그들을 성공으로 이끈다. 이들은 자신이 설정한 목표를 향해 끊임없이 나아가며 도전과 시련을 통해 성장하고 발전한다. 실행력과 결단력, 그리고 불굴의 의지를 가진 사람들만이 진정한 성공을 이룰 수 있다.

그러므로 반드시 해결해야 할 중대한 문제 앞에서 실행하지 않고 우유부단한 태도를 보이는 것은 마음이 나약하다는 명확한 증거다. 중요한 결정을 내리지 못하고 미루기만 하는 것은 진정한 의지 부족을 나타낸다. 또한, 매우 쉽고 빨리 처리할 수 있는 문제임에도 불구하고 결정을 내리지 못하는 것은 그 사람의 결단력이 얼마나 부족한지를 드러낸다. 이런 태도는 결과적으로 더 큰 문제와 실패를 초래할 수밖에 없다.

항상 새로운 삶을 살고자 하는 마음이 있지만, 그것을 행동으로 옮기지 못한다면 삶을 미루는 것과 다름없다. 하루하루 새로운 시작을 다짐하면서도 그 결심을 실천하지 못하면 마치 굶어 죽을 때까지 먹고 마시고 자는 것을 미루는 것과 같다. 이는 단순히 게으름이 아니라 자신과 주위 사람들에게 피해를 끼칠 뿐만 아니라 자신의 삶에 대한 무책임함을 보여 준다.

실행의 부족은 개인의 성장과 성공을 가로막는 큰 장애물이다. 우리는 살아가면서 끊임없이 결정을 내려야 하고 그 결정이 우리 삶의 방향을 좌우한다. 그러나 중요한 순간에 결단을 내리지 못하면 우리의 목표와 꿈은 그저 머릿속의 생각으로만 남게 되며 삶을 무의미하게 만들고 우리가 진정으로 원하는 것을 이루지 못하게 한다.

더 나아가, 중요한 실행을 미루는 것은 우리의 자신감과 자기 효능감을 약화시킨다. 스스로 결정을 내리고 마음먹었던 행동을 실행으로 옮기는 과정에서 우리는 성장하고 발전한다. 하지만 실행을 미루면 우리는 스스로에게 불신을 가지게 되고 결국 더 실행하는 것을 두려워하게 된다. 그 악순환은 우리의 잠재력을 발휘하지 못하게 한다.

새로운 삶을 살고자 한다면, 그 첫걸음은 작은 실행에서 시작된다. 큰 목표를 이루기 위해서는 작은 실행을 꾸준히 실천하는 것이 중요하다. 예를 들어, 건강을 위해 운동을 시작하려 한다면 오늘 당장 운동화를 신고 밖으로 나가는 것이 그 첫걸음이 될 수 있다. 작은 실행을 행동으로 옮기는 습관을 기르면 점점 더 큰 실행하게 되고 목표한 바를 실천할 수 있게 된다.

삶은 실행력과 결단력에 달려 있다

아무리 좋은 계획과 목표가 있어도 그것을 실천하지 않으면 아무런 의미가 없다. 중요한 문제를 해결하는 데 필요한 결단력과 그것을 신속하게 처리하는 능력은 성공의 필수 조건이다. 결단을 미루지 않고 행동으로 옮기는 사람만이 진정한 변화를 이루고 새로운 삶을 살아갈 수 있다.

따라서 중대한 문제 앞에서 우유부단하지 않도록, 그리고 중요한 실행을 미루지 않도록 스스로를 다잡아야 한다. 실행력과 결단력을 길러, 우리가 꿈꾸는 삶을 실제로 만들어 나가자. 단순히 새로운 삶을 시작하는 것이 아니라 우리의 잠재력을 최대한 발휘하고 진정한 성취를 이루는 길이다.

이제 우리는 더 이상 변명하지 않고 과감히 실행에 옮기며 우리 스스로를 끊임없이 발전시키는 삶을 살아가야 한다. 그래야만 우리는 진정한 성공과 만족을 누리며 더욱 빛나는 미래를 만들어 나갈 수 있을 것이다.

5

▼
▼
▼

당신 스스로에게 필요한 사람이 되라

"자신이 필요로 하는 사람이 되어라.
그 누구보다도 당신 자신에게 의지하라."
– 톤니 모리슨

당신은 주위 사람들에게 필요한 사람이 된다면 행복한가? 이 질문은 매우 심오한 철학적 의미를 내포하고 있다. 주위 사람들에게 필요한 사람이 되는 것은 삶의 의미를 부여할 수 있지만 이는 역설적으로 다른 사람들이 당신을 필요로 하지 않는다면 불행해질 수 있다는 의미로 해석이 가능하다. 이 점을 명확히 인지하는 것이 중요하다. 세상에는 당신이 아무리 선하게 살아도 당신을 싫어하는 사람이 있을 수밖에 없고 반대로 아무리 악하게 살아도 당신을 좋아하는 사람이 존재할 수 있다는 사실을 잊지 말아야 한다.

히틀러는 대부분의 사람들에게 악인의 대명사로 통하지만, 놀랍게도 아직까지 그를 찬양하고 그의 이념을 고무하는 사람들이 있다. 이들은 주로 극우 세력이나 네오 나치, 인종주의 단체에 속하며 이미 죽은 히틀러를 이 세상에 부활시키고자 한다. 반대로, 테레사 수녀는 평생을 가난하고 병든 사람들을 돌보는 데 헌신한 인물이다. 그녀는 인도 콜카타에서 '사랑의 선교회'를 설립하고, 전 세계적으로 가난한 이들을 위한 구호 활동을 펼쳤다. 많은 사람들은 그녀의 이타적인 삶과 사랑에 감동받아 그녀를 존경하고 따랐다. 그러나 일부 사람들은 그녀의 의료 봉사 활동이 비효율적이었다고 비판하며, 종교적 동기에서 비롯된 행위들이 가난의 구조적 문제를 해결하는 데 충분하지 않았다고 주장했다. 이것은 아무리 선한 사람이라도 비판받을 수 있다는 점을 시사한다.

위의 예시는 우리가 타인의 평가에 의존해서 자신의 가치를 결정해서는 안 된다는 사실을 보여 준다. 주위 사람들에게 필요한 존재가 되는 것은 중요한 일일 수 있지만, 그것이 유일한 행복의 기준이 되어서는 안 된다. 세상은 다양한 시각과 의견으로 이루어져 있으며 자신의 내적 가치와 목표를 찾는 것이 진정한 행복을 찾는 길이다. 타인에게 필요한 존재가 되는 것은 의미 있지만 자신의 존재 가치를 전적으로 타인의 평가에 의존하지 않고 자신만의 기준을 세우고 그에 따라 살아가는 것이 중요하다.

어릴 적에 한컴타자연습을 열심히 했다면 알고 있을 부자와 당나귀 이야기를 소개하겠다.

어느 마을에 한 부자가 당나귀와 함께 길을 걷고 있었다. 부자는 당나귀를 끌고 걸어가고 있었고 마을 사람들은 그를 보고 수군댔다. "저 부자는 왜 당나귀를 타지 않고 걸어가고 있는 거지? 정말 어리석군." 부자는 사람들의 말을 듣고 당나귀에 올라탔다. 조금 더 걸어가자, 이번에는 다른 사람들이 말했다. "어머나, 저 부자는 정말 잔인해. 자기는 당나귀를 타고 편하게 가면서, 당나귀는 힘들게 하고 있잖아." 부자는 이 말을 듣고 다시 당나귀에서 내려서 이번에는 당나귀를 등에 업었다. 그 모습을 본 사람들이 웃으면서 말했다. "저 사람 좀 봐, 당나귀를 등에 업고 가다니! 정말 우스꽝스러워!" 부자는 결국 어떻게 해도 사람들의 비난에서 벗어날 수 없다는 것을 깨달았다.

이 이야기의 교훈은 명확하다. 당신이 무엇을 하든 항상 비판하는 사람들이 있을 것이다. 사람들의 눈치와 의견에 맞추려고 하다 보면 결국 자신을 잃고 말 것이다. 모든 사람을 만족시킬 수 없으므로 자신의 판단과 가치에 따라 행동하는 것이 가장 중요하다. 따라서 당신의 행복은 다른 사람들이 당신을 필요로 하는지에 따라 결정되는 것이 아니라 당신 스스로가 자신의 삶에서 의미와 목적을 찾는 것에 달려 있다. 타인의 인정과 필요는 삶에 의미를 더할 수 있지만 그것이 전부가 되어서는 안 된다. 자신의 가치와 목표를 확립하고 그에 따라 살아가는 것이 진정한 행복을 향한 길이다.

자신의 행복을 위해서는 외부의 평가나 필요성에 의존하기보다는 내면에서 오는 자아실현과 자기만족을 추구하는 것이 중요하다. 타인의 필요에 부응하는 것이 행복의 일부분이 될 수는 있지만 궁극적으로는 자신이 설정한 목표와 가치관을 따르는 것이 더 깊은 만족감을 줄 수 있다. 스스로를 존중하고 자신만의 길을 찾아 나가는 과정에서 진정한 행복을 발견하게 될 것이다.

앞으로 성공을 향해 나아갈 때도 마찬가지일 것이다. 당신이 성공한다면 세상 사람들이 당신을 어떻게 볼지 생각해 보라. 많은 사람들이 당신을 존경하고 칭찬하며 당신의 업적을 찬양할 것이다. 당신의 성공은 주변 사람들에게 영감과 동기를 줄 수 있다. 그들은 당신을 롤 모델로 삼아 당신의 길을 따라가려 할 수도 있다. 당신의 성공은 가족과 친구들 그리고 심지어 당신을 모르는 사람들에게도 긍정적인 영향을 미칠 수 있다.

세상 사람들의 반응이 긍정적이지만은 않을 것이다

일부는 당신의 성공을 질투하고 시기할 것이다. 그들은 당신의 성공 뒤에 숨겨진 노력을 보지 않고 단지 당신이 이룬 결과만을 보고 부정적인 시각을 가질 수 있다. 더 나아가, 당신의 성공을 폄하하거나 당신이 성공하기 위해 사용한 방법을 제대로 알지도 못하면서 비판할 수도 있다. 그들은 당신의 의도와 상관없이 당신을 오해하고 비난할 것이다. 성공한 사람이라 해도 모두에게 사랑받을 수 없으며 비판과 오해는 불가피하다. 이는 당신이 추구하는 성공이 무엇인지 명확히 하고 그 성공을 위해 어떤 길을 걸어야 할지 스스로 결정해야 한다는 것을 의미한다.

따라서 당신의 성공을 향한 여정에서 중요한 것은 외부의 인정과 평가가 아니라 자신의 가치와 목표에 충실하는 것이다. 세상의 모든 사람을 만족시키는 것은 불가능하며 오히려 그러한 시도는 당신을 지치게 하고 당신이 성공을 위해 걸어가는 길을 벗어나게 할 수 있다. 자신의 내면을 들여다보고 진정으로 원하는 것이 무엇인지, 그리고 그것을 이루기 위해 무엇을 해야 하는지에 집중해야 한다. 자신의 길을 가는 과정에서 만나는 사람들의 반응에 일희일비하지 말고 꾸준히 나아가야 한다. 결국, 성공의 의미는 당신 자신에게 달려 있다. 외부의 시선이나 평가에 흔들리지 않고 자신의 신념과 가치를 지키며 나아가는 것이 진정한 성공의 길이다.

세상 사람들의 반응은 다양할 것이며, 그들이 당신을 어떻게 보든지 간에, 당신 자신이 만족하고 행복할 수 있는 삶을 사는 것이 가장 중요하다. 자신의 내적 목표를 이루고 그 과정에서 얻는 성취감과 자기만족이야말로 진정한 성공의 척도가 될 것이다. 이러한 마음가짐으로 성공을 향해 나아갈 때 당신은 더 큰 어려움에도 굴하지 않고 더 높은 목표를 향해 꾸준히 전진할 수 있을 것이다. 당신의 성공은 당신만의 것이며 그 과정에서 얻는 모든 경험과 교훈이 당신을 더 강하고 지혜롭게 만들 것이다.

6

▼
▼
▼

천재는 타고나는 것이 아니라 만들어지는 것이다

"위대한 천재는 자신의 일을 즐길 줄 아는 사람이다."
– 레오나르도 다 빈치

나는 살아오면서 가장 즐거웠던 시절을 돌아보면 몇 가지 특별한 순간들이 떠오른다. 특히 학창 시절 게임에 몰입했을 때, 통신사에서 내 모든 것을 갈아 넣어 영업할 때, 그리고 현재 내 사업에 모든 열정과 노력을 쏟아부을 때가 가장 즐거웠던 시기이다. 이 세 가지 경험은 각각의 시기마다 나에게 깊은 만족감과 성취감을 안겨 주었으며 나의 인생을 풍요롭게 만들어 준 소중한 기억들이다.

먼저, 학창 시절 게임에 몰입했을 때의 경험은 나에게 순수한 즐거움과 몰입의 기쁨을 안겨 주었다. 그 시절, 나는 게임이라는 가상 세계에서 무한한 가능성과 도전을 발견했다. 게임을 통해 새로운 전략을 세우고 문제를 해결하는 데 즐거움을 느꼈으며 여기서 얻은 경험은 나에게 몰입의 즐거움과 성취의 기쁨을 가르쳐 주었고 이후의 삶에서도 중요한 영향을 미쳤다.

두 번째로, 통신사에 다니면서 내 모든 것을 갈아 넣어 영업할 때의 경험은 나에게 중요한 교훈과 성장을 안겨 주었다. 그 당시, 나는 치열한 경쟁 속에서 자신의 능력을 증명하고 목표를 달성하기 위해 끊임없이 노력했다. 경쟁자를 뛰어넘기 위한 영업은 토할 만큼 힘들었지만 이 과정에서 나는 인내와 끈기의 중요성을 배우고 자신의 한계를 뛰어넘는 경험을 했다. 목표를 달성했을 때의 성취감은 나에게 큰 동기부여가 되었다.

마지막으로, 현재 사업에 모든 노력을 쏟아부을 때의 경험은 나의 인생에서 가장 큰 의미를 지니고 있다. 사업을 시작하면서 나는 이전의 모든 경험과 교훈을 바탕으로 새로운 도전에 직면하게 되었다. 사업은 나에게 무한한 가능성과 기회를 제공하며 이를 통해 나는 자신의 능력을 최대한 발휘할 수 있게 되었다. 매일매일이 새로운 도전의 연속이지만 이를 극복하며 성장하는 과정에서 깊은 행복감과 성취감을 느끼고 있다. 워런 버핏이 얘기하지 않았는가? 자신은 매일 출근할 때 탭댄스를 추면서 출근한다고. 나도 그렇다.

천재는 일할 때 최고의 즐거움을 느낀다

진정한 천재는 자신의 일에서 무한한 가능성을 발견하고 이를 통해 자신의 능력을 극대화하는 과정에서 깊은 만족감을 느낀다. 그들에게 일은 단순한 생계 수단이 아니라 삶의 중요한 일부이며 자신의 창의성과 지혜를 발휘할 수 있는 무대이다.

천재들은 종종 자신의 일에 몰두할 때 시간의 흐름을 잊고 그 과정에서 깊은 몰입 상태에 빠진다. 이 몰입 상태는 심리학에서 '플로우'라고 불리는데, 개인이 도전적인 과업을 수행하면서도 자신감과 능숙함을 느낄 때 경험한다. 천재들은 일을 통해 이 플로우 상태에 자주 도달하며, 이 과정에서 커다란 즐거움과 성취감을 맛본다. 이들은 단순히 주어진 업무를 수행하는 것이 아니라 자신의 창의성과 문제 해결 능력을 발휘하여 새로운 아이디어와 방법을 모색하며 여기서 얻은 열매는 그들에게 깊은 만족감을 안겨 준다.

또한, 진정한 천재는 자신의 일을 통해 세상에 긍정적인 영향을 미치고자 한다. 그들은 단순히 업무를 수행하는 것이 아니라 자신의 일을 통해 세상을 더 나은 곳으로 만들고자 하는 강한 목표를 가지고 있다. 이들은 자신의 아이디어와 혁신을 통해 사회에 기여하며 이를 통해 보람과 만족감을 느낀다. 여기서 얻은 목표는 그들이 일을 대하는 자세에 큰 차이를 만들며 자신이 하는 일이 단순한 노동이 아니라 세상에 의미 있는 변화를 가져오는 것임을 인식하고 이를 통해 더 큰 동기부여를 얻는다.

천재들이 일을 즐기는 또 다른 이유는 그들이 자신의 일에 대한 강한 열정을 가지고 있기 때문이다. 열정은 그들이 어려운 상황에서도 포기하지 않고 끊임없이 노력하게 만드는 원동력이다. 그리고 그들이 직면한 모든 문제와 도전을 극복하고 자신이 설정한 목표를 향해 나아가게 만든다. 이 과정에서 그들은 일에 대한 깊은 애정을 느끼며 이를 통해 더 큰 성취를 이루어낸다. 천재들은 자신의 일에서 무한한 가능성을 발견하고 이를 통해 자신의 능력을 극대화하는 과정에서 더할 나위 없는 행복감을 얻는다.

천재들은 일을 통해 자신의 창의성과 지식을 끊임없이 확장시킨다. 이들은 기존의 틀을 벗어나 새로운 접근 방식을 찾고 이를 통해 세상에 새로운 가치를 창출하는 것을 목표로 한다. 수많은 과정은 그들에게 끊임없는 도전과 기회를 제공하며 이를 통해 자신의 능력을 세상에 최대한 발휘하게 된다.

또한, 진정한 천재는 자신의 일을 통해 자아를 실현한다. 이들은 일을 통해 자신의 정체성을 확립하고 자신의 가치와 신념을 실현한다. 이들은 자신의 일이 단순한 생계 수단이 아니라 자신의 삶을 의미 있게 만드는 중요한 요소임을 인식하고 있다. 이는 그들이 일을 대하는 태도와 방식을 근본적으로 변화시키며 주위 사람들도 변하게 만드는 능력을 갖고 있다.

천재들은 자신이 하는 일에서 의미와 목적을 발견한다. 그들이 일을 대하는 태도와 방식은 근본적으로 자신을 변화시키고 이로 인해 그들은 일에서 깊은 만족감과 즐거움을 느낀다. 천재들은 자신의 일을 통해 자아를 실현하고 자신의 가치와 신념을 실현하며 이를 통해 세상에 긍정적인 변화를 가져오는 것을 목표로 한다.

진정한 천재들은 또한 자신의 일을 통해 다른 사람들에게 영감을 준다. 이들은 자신의 열정과 창의성을 통해 주변 사람들에게 긍정적인 영향을 미치며 이를 통해 공동체에 기여한다. 이들은 자신의 일로 하여금 다른 사람들에게 끊임없이 동기부여를 제공하며 이를 통해 깜짝 놀랄 만한 엄청난 성공을 이룬다.

그렇기에 진정한 천재는 일을 통해 끊임없이 배운다. 이들은 매일 새로운 지식을 습득하고 이를 자신의 일에 적용하면서 사회를 변화시키고 세상을 발전시켜 나간다. 우리가 윤택한 삶을 누리고 있는 것 또한 다 이들의 덕이라고 할 수 있다. 감사하자.

Chapter 4

불편해?
불편하면 자세를 고쳐 앉아!

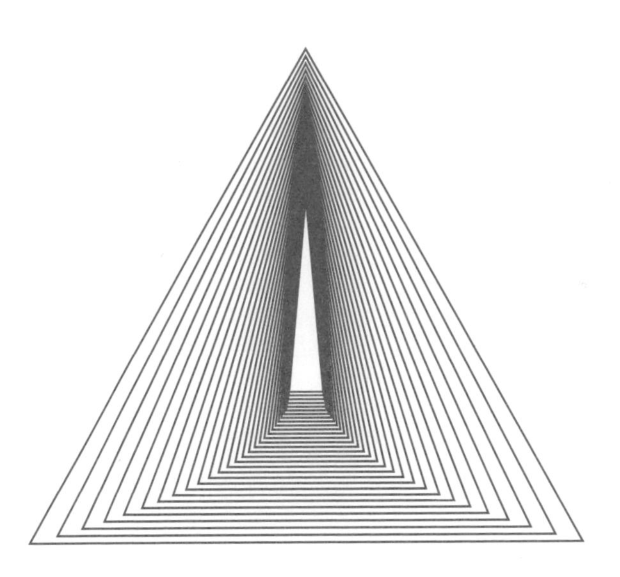

A m b i t i o n

A m b i t i o n

엠비션은 불편함 속에서 자란다. 불편함을 견디지 말고, 그것을 극복할 방법을 찾아라. 야망을 품은 자는 불편함을 변화의 신호로 받아들이고, 더 나은 자세를 통해 목표에 다가간다. 포부를 이루기 위해 불편함을 두려워하지 말고, 그것을 동력으로 삼아라.

1

▼
▼
▼

위대한 성취는 불편함 속에서 시작된다

> **"위대한 일들은 언제나 편안함 밖에서 일어난다."**
> – 마이클 조던

편안함에 익숙해지면 아무 일도 이룰 수 없게 된다. 지금의 편안함을 과감히 포기할 줄 알면 놀라운 성과를 이룰 수 있다. 편안함은 안정감과 만족을 제공하지만 그것이 지속되면 도전과 성장의 기회를 잃게 된다. 편안함에 안주하는 것은 우리를 정체시키고 발전을 저해하는 요인이 될 수 있다.

편안함에 익숙해지면 우리는 새로운 도전을 두려워하게 된다. 안전지대에서 벗어나지 않으려는 본능은 우리를 보호하는 데는 도움이 되지만 동시에 성장의 기회를 차단한다. 안전지대는 익숙하고 편안한 환경을 제공하지만 그곳에 머무르면 더 이상 발전하지 않는다. 마치 온실 속의 식물이 밖의 거친 환경을 경험하지 못하고 자라나는 것과 같다. 밖으로 나가 바람과 비를 맞으며 성장하는 식물처럼 우리도 불편함과 도전을 받아들이며 성장해야 한다.

편안함을 포기하는 것은 용기와 결단력이 필요하다. 단순히 물리적인 불편함을 견디는 것을 넘어서 정신적이고 감정적인 도전을 받아들이는 것을 의미한다. 새로운 기술을 배우거나 새로운 직업에 도전하거나 익숙하지 않은 사회적 상황에 뛰어드는 것은 모두 편안함을 포기하는 행동이다. 처음에는 두렵고 힘들 수 있다. 그러나 시간이 지나면 우리의 능력을 확장시키고 자신감을 키우는 데 큰 도움이 된다.

편안함을 포기하고 새로운 도전을 받아들인 사람들은 더 큰 성취를 이룬다. 역사적으로도 많은 위인들이 편안함을 버리고 도전을 선택함으로써 큰 성공을 이루었다. 예를 들어, 스티브 잡스와 제프 베이조스는 안정적인 직장을 포기하고 애플과 아마존을 창업하여 세계를 변화시켰다. 그의 성공은 안정적인 삶을 포기하고 불확실성 속에서 끊임없이 도전한 결과이다. 스티브잡스와 제프 베조스의 사례는 우리에게 편안함을 포기하는 것이 얼마나 중요한지를 보여 준다.

불편한 상황에 처하게 되면 우리는 그 상황을 개선하기 위해 창의적으로 생각하고 행동하게 된다. 또한, 문제 해결 능력을 향상시키고 새로운 아이디어와 혁신을 촉진한다. 예를 들어, 스타트업 창업자들은 불확실한 환경에서 창의적이고 혁신적인 아이디어를 통해 성공을 거둔다. 그들은 편안함을 포기하고 불확실성과 도전을 받아들이며 이를 통해 새로운 시장과 기회를 창출한다.

또한, 우리의 인내력과 끈기를 시험하는 과정이기도 하다. 불편한 상황에서 우리는 끊임없이 도전하고 실패를 경험하며 다시 일어서는 법을 배운다. 이는 우리의 정신적 강인함을 키우는 데 중요한 역할을 한다. 인내력과 끈기는 성공을 이루는 데 필수적인 요소이며 이를 통해 우리는 장기적인 목표를 달성할 수 있다.

편안함을 포기하는 것은 단지 개인적인 성취와 성장에 국한되지 않는다. 이는 사회적 변화와 발전에도 기여할 수 있다. 많은 사회적 혁신과 변화는 사람들이 기존의 편안한 상태를 벗어나 새로운 도전에 나섰을 때 이루어졌다. 마틴 루터 킹 주니어와 같은 인물들은 불의와 싸우기 위해 자신의 안전과 편안함을 포기했다. 그 결과, 사회는 더 나은 방향으로 변화할 수 있었다.

편안함을 포기하는 것은 우리의 관계와도 연결된다. 인간관계에서 우리는 종종 익숙한 패턴과 역할에 안주하기 쉽다. 그러나 진정한 관계의 깊이는 서로에게 도전하고 성장할 수 있는 공간을 제공할 때 형성된다. 친구나 가족, 연인 사이에서도 우리는 때로는 불편한 대화를 피하지 않고 나누어야 하며 이를 통해 더 깊은 이해와 신뢰를 쌓을 수 있다.

편안함에 익숙해진다면 더 이상 성장하지 못하고 잠재력을 최대한 발휘할 수 없게 된다. 그러나 지금의 편안함을 과감히 포기할 줄 알면 더 큰 성취와 만족을 얻을 수 있다. 편안함을 포기하고 불편함을 받아들이는 것은 능력을 확장시키고 더 나은 미래를 위한 발판을 마련하는 것이다.

그러므로, 편안함을 포기하는 것은 개인적인 발전과 성공을 위한 필수적인 과정일 뿐만 아니라, 보다 나은 사회를 만드는 데 기여할 수 있는 길이기도 하다. 새로운 도전을 받아들이고 불편한 상황에 직면하는 것은 단기적으로는 어려움을 가져올 수 있지만 장기적으로는 모두에게 이익을 준다. 또한, 개인의 잠재력을 최대한 발휘하게 하며 사회적으로도 혁신과 발전을 촉진한다. 그러므로 편안함은 쓰레기통에 갖다 버리고 불편함을 사랑하라.

2

빈곤은
부모의 가치관에서 비롯된다

"가난은 죄가 아니지만, 큰 불편을 초래한다."
– 어니스트 헤밍웨이

수많은 빈곤한 가정의 밥상머리에서는 가난과 결핍, 후회에 관한 대화가 자주 이루어진다. 이런 대화는 다른 일상에서도 반복되며 그 결과로 많은 가정이 실제로 빈곤해지게 된다. 가난에 대해 생각하고 이야기함으로써 그들은 빈곤을 그들의 운명으로 받아들이게 된다. 이는 심리적, 사회적, 경제적 영향을 모두 포함하는 복잡한 과정이다.

부정적인 사고방식은 시간이 지남에 따라 우리의 행동과 결정에 영향을 미치게 된다. 우리는 자신도 모르게 빈곤을 당연한 것으로 받아들이고 그것을 벗어나기 위한 노력을 게을리하게 된다. 여기서 생긴 사고방식은 빈곤의 악순환을 더욱 강화시키며 새로운 기회와 가능성을 차단하게 만든다.

많은 사람들은 가난을 조상 탓으로 돌리곤 한다. 조상이 빈곤했기 때문에 자신들도 가난할 수밖에 없다고 생각하며 일종의 자기 충족적 예언으로 작용한다. 이러한 가짜 예언은 개인이 자신의 상황을 개선하려는 노력을 포기하게 만들고 가난을 운명으로 받아들이게 한다. 그리고 세대 간에 빈곤이 지속되는 악순환을 초래하게 된다. 부모 세대의 빈곤이 자녀 세대에 그대로 이어지는 악순환은 개인의 노력이 없이는 끊어지기 어렵다.

빈곤은 경제적 결핍의 문제가 아니다

슬프게도 빈곤은 심리적, 사회적 요소들이 복합적으로 작용하여 형성되는 문제이다. 빈곤을 두려워하고 그것에 대해 끊임없이 이야기하는 것은 우리의 사고방식을 제한하고 우리를 부정적인 상황에 더욱 깊이 빠지게 만든다. 빈곤은 단지 물리적인 자원의 부족에서 오는 것이 아니라 정신적이고 감정적인 습관에서 기인하는 경우가 많다. 부정적인 사고방식은 자존감을 떨어뜨리고 다시 빈곤을 더욱 심화시키는 요인이 된다.

빈곤에 대한 두려움은 실제로 빈곤으로 이어지는 행동을 촉발시킨다. 사람들은 가난해질 것을 두려워하면서 안전한 선택만을 하게 되고 새로운 기회를 놓치는 결과를 초래한다. 예를 들어, 위험을 감수하고 새로운 사업을 시작하기보다는 안정적인 직장을 유지하려는 경향이 강해진다. 여기서 생긴 잘못된 선택은 결국 경제적 성장을 제한하고 빈곤의 고리를 끊지 못하게 한다. 도전과 실패를 두려워하는 사고방식은 개인의 성장과 발전을 저해하며 사회 전체의 경제적 활력을 떨어뜨린다.

빈곤을 극복하기 위해서는 사고방식의 변화가 필수적이다. 적극적인 사고방식을 가지고 자신의 능력과 가능성을 믿는 것이 중요하다. 빈곤을 두려워하는 대신, 풍요로움을 상상하고 목표를 설정하며 이를 달성하기 위한 구체적인 계획을 세워야 한다. 이것은 단순히 마음가짐의 변화뿐만 아니라 실제 행동의 변화를 동반해야 한다. 목표를 설정하고 이를 향해 꾸준히 노력하는 과정에서 우리는 빈곤의 악순환을 끊을 수 있다.

빈곤을 극복하는 또 다른 방법은 교육과 지속적인 학습이다. 자신의 능력을 개발하고 새로운 기술과 지식을 습득함으로써 경제적 기회를 확대할 수 있다. 교육은 빈곤의 악순환을 끊을 수 있는 강력한 도구이며 개인의 삶을 변화시키는 데 중요한 역할을 한다.

빈곤은 단순히 경제적 문제로 국한되지 않으며 심리적, 사회적 요소들이 복합적으로 작용하여 형성되는 문제이다. 빈곤에 대한 두려움과 부정적인 사고방식은 실제로 빈곤을 초래하는 행동을 유발할 수 있다. 따라서 빈곤을 극복하기 위해서는 사고방식의 변화와 적극적인 행동이 필수적이다. 적극적인 행동과 지속적인 학습은 빈곤의 악순환을 끊는 데 중요한 역할을 한다. 빈곤을 두려워하지 않고 풍요로움을 상상하며 이를 실현하기 위한 구체적인 계획을 세우는 것이 필요하다. 빈곤을 극복하는 것은 단순한 경제적 문제 해결을 넘어, 삶의 질적 향상을 도모하는 데 중요한 과정이다.

3

당신이 성공하지 못한 것은 게으르기 때문이다

"게으른 사람은 자기 능력을 절대로 알지 못한다."
– 장 드 라브뤼예르

환경을 탓하는 게으른 사람은 자연계의 법칙에 따라 열등한 사람이 된다. 자연계에서 동물들은 환경을 탓하지 않는다. 예를 들어, 새끼들이 잡아먹혔다고 해서 자살하는 동물을 본 적이 있는가? 그런 동물은 없다. 동물들은 환경의 변화와 도전에 맞서 끊임없이 적응하고 생존을 위해 최선을 다한다. 그럴 시간에 동물들은 더 안전한 공간을 찾아내고 포식자의 접근을 감지하기 위해 소리에 민감하게 반응하며 자신의 몸을 보호하기 위한 다양한 방법을 찾는다.

동물들은 자신이 처한 어려운 환경을 극복하기 위해 능동적으로 행동한다. 먹이를 찾기 어려운 환경에서는 더 넓은 지역을 탐색하며 새로운 먹이원을 찾아내기 위해 노력한다. 위험이 도사리는 환경에서는 더 안전한 장소로 이동하거나 주변 환경을 이용해 자신을 보호한다. 행동은 모두 생존 본능에 따른 것으로 동물들은 환경의 어려움을 극복하기 위해 항상 적극적으로 움직인다.

예를 들어, 북극의 혹독한 환경에서 살아가는 북극곰은 자신의 생존을 위해 끊임없이 이동한다. 얼음이 녹아 서식지가 줄어들 때, 북극곰은 먹이를 찾아 더 먼 거리를 이동하고 먹이를 사냥하기 위해 다양한 전략을 사용한다. 또한, 사막의 뜨거운 열기와 물 부족에 직면한 동물들은 낮 동안 굴 속에 숨어 열기를 피하고 밤에 나와서 활동한다. 이처럼 동물들은 환경의 변화에 맞서 끊임없이 적응하며 생존을 위해 필요한 모든 노력을 다한다.

반면에, 인간은 종종 자신의 환경을 탓하며 제자리에서 빙빙 도는 경향이 있다. 이는 인간이 가진 독특한 습성 중 하나로, 자연계의 다른 생명체들과는 다른 특징이다. 인간은 어려운 상황에 처했을 때 종종 외부 요인에 대해 불평하고 이를 변명으로 삼아 아무런 행동도 하지 않는 경우가 많다. 이는 결국 개인의 발전과 성장을 저해하는 주요 요인이 된다. 환경을 탓하는 태도는 우리를 열등한 존재로 만들 수 있다.

환경을 극복하려는 의지가 결여된 상태에서는 어떠한 발전도 기대할 수 없다. 반면, 환경을 극복하려는 의지는 우리를 더 강하게 만들고 다양한 상황에 대한 적응력을 키우는 데 중요한 역할을 한다. 환경에 굴복하지 않고 그 속에서 새로운 기회를 찾으려는 태도가 필요하다. 인간은 자신이 처한 어려운 환경을 극복하기 위해 주체적인 태도를 가져야 하며 개인의 삶에서뿐만 아니라 사회 전체의 발전에도 중요한 요소이다.

어떠한 상황에서도 자신의 능력을 개발하고 새로운 기회를 찾아내기 위해 노력하는 사람들이 있다. 이들은 환경을 극복하고 극적인 성공을 이루어 낸다. 반면, 자신의 환경을 탓하며 아무런 노력을 하지 않는 사람들은 여전히 그 자리에 머물러 있게 된다. 환경을 탓하지 않고 그 속에서 새로운 기회를 찾으려는 태도는 우리에게 더 큰 성취감을 안겨 준다. 이는 우리가 성장하고 발전하는 데 중요한 역할을 한다.

환경을 탓하는 것은 결국 자신의 책임을 회피하는 행위에 불과하다. 우리는 주어진 환경 속에서 어떻게 행동할지 선택할 수 있으며 그 선택이 우리의 미래를 결정한다. 주체적으로 자신의 삶을 이끌어 나가는 태도가 필요하며 환경의 어려움을 극복하는 데 필수적이다. 환경에 대한 불평 대신 그 속에서 기회를 찾고 행동한다면 우리는 더 나은 삶을 살아갈 수 있을 것이다.

동물들의 생존 본능과 환경 적응 능력은 우리에게 많은 교훈과 고찰을 준다. 우리는 그들처럼 주어진 환경에 적응하고 도전과 어려움을 극복하며 자신의 길을 개척해 나가야 한다. 그리고 단순히 생존을 넘어, 진정한 의미의 성공과 성장을 이루기 위한 필수적인 과정이다. 인간은 자연의 법칙을 배우고 이를 삶에 적용할 때 더욱 성장할 수 있다.

4

▼
▼
▼

하버드 학생들 또한 당신과 다를 바 없다

"목표를 설정하는 것은 보이지 않던 것을 보이게 하고,
성취할 수 없다고 생각했던 것을 성취하게 만든다."
– 토니 로빈스

하버드 대학교는 학생들을 대상으로 인생 목표에 관한 장기적인 연구를 실시했다. 연구팀은 졸업생들에게 "인생 목표가 있습니까?"라는 질문을 던졌다. 이 질문에 대해 있다고 대답한 학생은 전체의 13%에 불과했다. 연구원들은 이에 그치지 않고 추가로 " 분명한 목표를 가지고 있고 이를 종이에 적을 수 있습니까?"라고 물었다. 이에 대해 오직 3%의 학생들만이 그렇다고 대답했다.

20년 뒤, 연구팀은 당시 조사에 응답했던 졸업생들을 다시 찾아갔다. 그 결과는 매우 놀라웠다. 분명한 인생 목표를 적었던 3%의 학생들은 확실한 목표가 없던 학생들보다 모든 면에서 더 나은 삶을 살고 있었다. 이들은 직업적 성취, 개인적 만족, 재정적 안정 등 여러 방면에서 두드러진 성과를 보였다. 특히 주목할 만한 점은, 이 3%의 학생들이 가진 재산이 나머지 97%의 재산을 합친 것보다 많았다는 사실이다.

이 연구는 목표 설정의 중요성을 극명하게 보여 준다. 목표가 있는 사람들은 방향성과 목적의식을 가지고 행동하며 그들의 성취와 삶의 질에 큰 영향을 미친다. 목표가 없는 사람들은 주로 단기적인 만족을 추구하며 장기적인 비전을 갖추지 못해 방향을 잃기 쉽다. 반면, 확실한 목표를 가진 사람들은 그 목표를 향해 꾸준히 나아가며 자신이 원하는 삶을 만들어 나간다.

하버드 졸업생들의 사례는 목표 설정이 단순히 성공의 요소 중 하나가 아니라 성공을 결정짓는 핵심 요소임을 시사한다. 분명한 목표는 동기부여의 근원이 되며 목표를 종이에 적는 행위는 그 목표를 구체화하고 현실화하는 중요한 과정이다. 종이에 적힌 목표는 단순한 아이디어에서 벗어나 실질적인 계획으로 바뀌고 행동을 통해 성취로 이어진다.

20년 동안 놀라운 성과를 거둔 3%의 졸업생들은 단지 목표를 세우는 것에 그치지 않았다. 그들은 그 목표를 구체적으로 적어 두고 이를 달성하기 위해 끊임없이 노력했다. 이 결론은 단순한 목표 설정이 아닌, 목표를 향한 철저한 계획과 실행이 동반된 결과였다. 이들은 매일매일 작은 목표를 달성해 나가며 장기적인 비전을 이루기 위한 발판을 마련했다. 이 과정에서 그들은 도전과 성취의 반복을 통해 자신감을 키워 나갔고 더욱 큰 목표를 설정하고 달성할 수 있는 원동력이 되었다.

따라서 우리는 하버드 졸업생들의 사례를 통해, 인생에서 목표를 설정하는 것이 얼마나 중요한지를 배울 수 있다. 목표는 단순한 바람이나 희망이 아니라 우리의 삶을 구체적으로 이끌어 주는 방향키와 같다. 목표를 설정하고 이를 실천하기 위한 계획을 세우는 과정은 우리의 행동을 이끄는 원동력이 된다. 단지 꿈을 꾸는 것이 아니라 그 꿈을 현실로 만들기 위한 구체적인 방법을 찾는 것이다.

목표 설정은 동기부여와 관련이 깊다. 목표가 없는 사람들은 종종 의욕이 없고 일상에서 의미를 찾기 어려워한다. 반면, 명확한 목표를 가지고 있는 사람들은 그 목표를 향해 나아가는 과정에서 끊임없는 동기부여를 받는다. 이것들은 작은 목표를 달성할 때마다 얻는 성취감이 큰 힘이 되어 더욱 큰 목표를 향해 나아가게 한다. 이 과정에서 우리는 자신의 능력을 재발견하고 더 큰 도전에 도전할 수 있는 용기를 얻게 된다.

목표를 구체적으로 적어 두는 행위는 매우 중요한 의미를 가지는데 우선 마음속에 품고 있는 꿈을 시각적으로 명확하게 만드는 작업으로, 목표를 실현하기 위한 첫걸음이 된다. 목표를 적어 두면 그것이 단순한 아이디어에서 벗어나 구체적인 계획이 되고 이를 통해 행동으로 옮기기가 훨씬 쉬워진다. 또한, 목표를 적어 두는 것은 우리의 결심을 강화시키고 이를 이루기 위한 행동을 촉진한다.

하버드 연구의 결과는 목표 설정의 중요성을 명확히 보여 준다. 분명한 목표를 가지고 이를 실천하기 위해 끊임없이 노력하는 사람들은 그렇지 않은 사람들보다 더 많은 성취를 이루고 더 만족스러운 삶을 살 수 있다. 또한, 우리가 목표를 설정하고 이를 구체적으로 적어 두고 끊임없이 이를 향해 나아가는 것이 얼마나 중요한지를 일깨워 준다. 목표는 우리의 삶을 의미 있게 만들고 더 나은 미래를 위한 발판을 제공한다.

목표 설정은 성공과 성취를 위한 필수적인 과정이다. 명확한 목표를 가지고 이를 구체적으로 적어 두는 것은 우리의 행동을 이끄는 강력한 원동력이 된다. 목표를 설정하고 이를 달성하기 위한 계획을 세우며 꾸준히 이를 실천하는 과정에서 우리는 더 나은 삶을 살아갈 수 있다.

하버드 졸업생들의 사례는 목표 설정이 단순한 성공의 요소가 아니라,

성공을 결정짓는 핵심 요소임을 보여 준다. 목표를 가지고 이를 실천하는 사람들은 그렇지 않은 사람들보다 더 많은 성취를 이루고 더 만족스러운 삶을 살 수 있다. 이는 우리가 목표를 설정하고 이를 향해 끊임없이 나아가야 할 필요성을 다시 한번 강조한다.

5

노력 없이 성취할 수 있는 일은 아무것도 없다

"위대한 일은 갑자기 이루어지지 않는다. 노력과 인내가 필요하다."
– 에픽테토스

독일 플랑크 연구소의 랄프 클램프는 아마추어 피아니스트와 베를린 음악 아카데미 소속의 피아니스트에게 "당신은 14세가 될 때까지 얼마나 많은 피아노 연습을 했습니까?"라는 질문을 했다. 그 결과는 놀라웠다. 아마추어 피아니스트는 매주 겨우 3~4시간밖에 연습하지 않은 것에 비해 프로 피아니스트는 평균 33시간이나 연습하고 있었다. 어릴 때부터 피나는 노력을 했으니 그들이 일류 피아니스트가 되는 것도 당연한 것이다.

이 사례는 재능과 노력의 관계에 대해 많은 것을 시사한다. 재능이 부족하면 그만큼 더 많은 노력을 해야 한다. 이는 단순한 이론이 아니라, 실제로 성공한 많은 사람들의 공통된 경험에서 도출된 사실이다. 피아니스트뿐만 아니라 모든 분야에서 성공한 사람들은 어릴 때부터 남다른 노력을 기울였다. 그 노력이 그들을 성장하게 만들었고 궁극적으로 성공을 이루게 했다.

노력의 중요성은 연구에서도 입증되었다

특히 심리학과 교육학 분야에서는 '성취'가 단순한 타고난 재능보다는 지속적인 노력과 훈련의 결과임을 강조한다. 예를 들어, 심리학자 앤더스 에릭슨은 '의도적 연습'이라는 개념을 제시했다. 단순히 많은 시간을 연습하는 것만이 아니라, 명확한 목표와 피드백을 통해 자신의 한계를 끊임없이 뛰어넘는 과정을 의미한다. 프로 피아니스트들이 어릴 때부터 주당 33시간씩 연습한 것은 단순히 많은 시간을 투자한 것이 아니라, 그 시간을 효율적으로 사용하고자 하는 의도적 연습의 결과였다.

모든 분야에서 성공을 이루기 위해서는 일정한 수준 이상의 노력이 필요하다. 그러나 그 노력은 단순히 시간을 많이 들이는 것만으로는 충분하지 않다. 효율적이고 체계적인 연습, 명확한 목표 설정, 지속적인 피드백과 자기 평가가 동반되어야 한다. 노력의 과정이 없이는 단순히 많은 시간을 투자해도 큰 성과를 이루기 어렵다.

재능이 부족하다고 느낀다면 그만큼 더 많은 노력을 기울여야 한다. 그러나 중요한 것은 그 노력이 단순히 양적인 증가에 그치지 않고 질적으로도 향상되어야 한다는 점이다. 예를 들어, 프로 피아니스트들은 단순히 많은 시간을 연습하는 것이 아니라, 각 연습 시간마다 명확한 목표를 설정하고 그 목표를 달성하기 위해 최선을 다한다. 또한, 자신의 연주를 끊임없이 평가하고 부족한 부분을 보완하기 위한 전략을 세운다.

노력은 단순히 기술적인 향상뿐만 아니라 정신적, 감정적 성장에도 큰 영향을 미친다. 지속적인 연습과 노력을 통해 우리는 자신에 대한 신뢰와 자부심을 쌓을 수 있다. 그렇기에 우리를 더 큰 도전과 목표로 이끌어 주며 궁극적으로는 성공을 이루는 데 중요한 역할을 한다.

성공은 단순히 운이나 재능에 의존하는 것이 아니다. 꾸준한 노력과 헌신이 없이는 아무리 재능이 뛰어나도 큰 성과를 이루기 어렵다. 반대로, 재능이 부족하더라도 끊임없는 노력과 열정을 가지고 도전한다면 그 누구보다도 뛰어난 성과를 이룰 수 있다. 프로 피아니스트들이 주당 33시간씩 연습한 것은 그들의 성공이 단순한 우연이 아니라 끊임없는 노력과 헌신의 결과임을 잘 보여 준다.

따라서 당신의 숨겨진 능력을 최대한 발휘하기 위해 끊임없이 갈고 닦아야 한다. 그 시간이 단순히 양적인 증가에 그치지 않고 질적으로도 향상되어야 한다. 명확한 목표 설정, 체계적인 연습, 자기 객관화를 통해 우리는 더 큰 성취를 이룰 수 있다. 또한, 우리를 성장하게 만들고 궁극적으로 성공과 부를 이루는 데 중요한 요소가 된다.

피아니스트들의 예시에서 알 수 있듯이, 일찍부터 시작된 노력은 장기적인 성공에 큰 영향을 미친다. 어린 시절부터 습관화된 연습과 노력은 성인이 되었을 때 그 결실을 맺게 된다. 이것은 우리에게 중요한 교훈을 준다. 성공은 단기간에 이루어지는 것이 아니라, 오랜 시간에 걸친 꾸준한 노력의 결과라는 것이다.

성공의 비결은 끊임없는 시간 투자에 있다. 재능이 부족하다고 느낄 때일수록 더 많은 시간을 들여야 하고 그 시간을 효율적이고 체계적으로 관리하는 것이 중요하다. 이는 피아니스트뿐만 아니라, 모든 분야에서 성공을 이루는 데 중요한 요소다.

당신은 피아니스트들처럼 최선을 다해 몰입한 적이 있는가? 있었다면 그때의 기억을 떠올려라. 없었다면 당장 주변의 모든 방해 요소를 차단하고 당신이 해야 할 일에 집중하여 몰입의 경지에 도달하라. 그러지 않는다면 목표에 도달하지 못할 것이다.

6

▼
▼
▼

흙먼지로 뒤덮인 사람들을 피하라

"흙먼지로 뒤덮인 사람과 어울리면
자신도 어느 정도 더러워질 수밖에 없다는 것을 명심하라."
— 에픽테토스

흙먼지로 뒤덮인 사람들과 어울리면 자신도 어느 정도 더러워질 수밖에 없다는 것을 명심해야 한다. 단순히 물리적인 더러움을 의미하는 것이 아니라, 그들의 태도, 습관, 가치관 등이 우리에게 미치는 영향을 경고하는 것이다. 사람은 사회적 동물로서 주변 환경과 사람들의 영향을 받을 수밖에 없다. 우리가 누구와 어울리느냐는 우리의 생각과 행동, 심지어 우리의 삶의 방향까지도 결정짓는 중요한 요소다.

긍정적이고 생산적인 사람들과 어울리면 우리는 자연스럽게 긍정적이고 생산적인 영향을 받는다. 반면에, 부정적이고 파괴적인 사람들과 어울리면 우리의 삶에도 부정적인 영향이 미치게 된다. 우리가 의식적으로 조심하지 않는 한, 그들의 비관적이고 파괴적인 태도와 행동이 우리의 사고방식과 행동 방식에 스며들기 때문이며 결국, 우리의 삶의 질을 저하시키고 우리가 이루고자 하는 목표와 꿈을 방해할 수 있다.

흙먼지로 뒤덮인 사람들과 어울리는 것은 마치 부정적인 에너지와 습관에 노출되는 것과 같다. 그들과의 교류는 우리의 생각과 행동에 부정적인 영향을 끼칠 수 있다. 그들의 비관적이고 파괴적인 태도는 우리에게 스며들어 우리의 사고방식과 행동 방식을 변화시킬 수 있다. 이런 부정적인 영향을 피하기 위해서는, 우리의 인간관계를 신중하게 선택해야 한다.

누구와 시간을 보내느냐는 매우 중요하다

긍정적이고 열정적인 사람들과의 교류는 우리의 성장과 발전을 도울 수 있다. 그들은 우리에게 영감을 주고 도전을 두려워하지 않으며 우리가 더 나은 사람이 되도록 격려해 준다. 이런 사람들과의 관계는 우리의 잠재력을 최대한 발휘할 수 있게 해 주며 더 나은 미래를 향해 나아가도록 도와준다.

반대로, 흙먼지로 뒤덮인 사람들과의 관계는 우리의 성장을 저해할 수 있다. 그들은 우리의 에너지를 소모시키고 우리의 목표를 희석시키며 우리의 자신감을 떨어뜨릴 수 있다. 부정적인 사람들과의 교류는 우리에게 끊임없는 스트레스와 불안감을 유발할 수 있으며 우리의 정신적, 신체적 건강에도 악영향을 미친다. 여기서 생기는 부정적인 영향은 우리의 일상생활뿐만 아니라 장기적인 목표와 꿈에도 해로운 영향을 미칠 수 있다.

따라서 우리는 우리의 인간관계를 신중하게 맺어야 한다. 우리는 긍정적이고 건설적인 사람들과 어울리며 그들의 에너지를 받아들여야 한다. 이는 우리의 삶을 풍요롭게 하고 우리의 목표를 달성하는 데 중요한 역할을 할 것이다. 반면에, 부정적인 영향을 끼치는 사람들과의 관계는 최소화하거나, 필요할 경우 단절하는 것도 필요한데 우리 자신을 보호하고 우리의 목표와 꿈을 지키기 위한 중요한 조치다.

우리는 또한 자신의 내면을 강화할 필요가 있다. 내면이 강해지면 외부의 부정적인 영향에 휘둘리지 않고 자신의 길을 굳건히 걸어갈 수 있다. 이를 위해서는 자기 계발과 자기 성찰을 통해 자신의 가치관과 목표를 명확히 하고 이를 지키기 위한 의지와 결단력을 키워야 한다. 이것은 긍정적인 사람들과의 교류뿐만 아니라 자신의 내면을 강화하는 데 중요한 역할을 한다. 내면의 강함은 외부의 부정적인 영향을 최소화하고 자신이 설정한 목표를 향해 흔들림 없이 나아가는 데 도움을 준다.

또한, 우리는 다른 사람들에게 긍정적인 영향을 줄 수 있는 사람이 되도록 노력해야 한다. 우리가 긍정적인 태도와 행동을 가지고 있으면 주변 사람들에게도 긍정적인 영향을 미칠 수 있다. 이는 단순히 자신만을 위한 것이 아니라 우리의 사회와 공동체를 더 나은 곳으로 만드는 데 기여할 수 있다. 우리는 자신의 긍정적인 에너지를 주변 사람들에게 나누어 주며 그들의 삶에도 긍정적인 변화를 가져올 수 있다. 그리고 긍정적인 영향력은 주위 사람 모두를 변화시키는 힘이 될 수 있다.

그러므로, 우리는 우리 주변의 사람들과 환경을 신중하게 선택해야 한다. 긍정적이고 건설적인 사람들과 어울리며 부정적이고 파괴적인 영향력을 지닌 사람들과의 관계는 멀리하는 것이 필요하다. 이를 통해 우리는 자신의 목표와 꿈을 지키고 더 나은 미래를 향해 나아갈 수 있다. 내면의 강함과 긍정적인 태도를 유지하며 주변 사람들에게 긍정적인 영향을 주는 사람이 되는 것이 우리의 삶을 더욱 풍요롭고 의미 있게 만들 것이다.

Chapter 5

내면의 자신을 인식하라

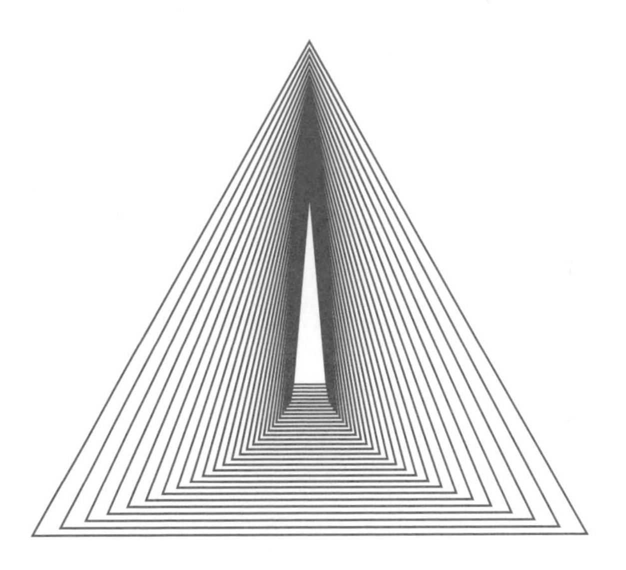

A m b i t i o n

A m b i t i o n

엠비션은 내면의 자신을 인식하는 것에서 시작된다. 진정한 야망은 자신의 강점과 약점을 명확히 아는 데서 비롯된다. 포부를 가진 자는 자신을 정확히 이해하고, 그 이해를 바탕으로 목표를 향해 나아간다. 내면의 자신을 깨달을 때, 비로소 야망이 현실이 된다.

1

▼
▼
▼

당신은 특별한 사람인가?

"현실을 부정하지 마라. 그것은 당신에게 어떤 것도 가져다주지 않는다."
– 밥 프록터

성공한 사람들은 종종 우리 모두가 특별하며 위대한 사람이 될 자격이 있다고 말한다. 이는 긍정적이고 고무적인 메시지로 많은 사람에게 희망과 동기를 부여한다. 우리는 자신이 특별하고 고유한 가치를 지닌 존재임을 믿고 자신의 역량을 최대한 발휘하려 노력한다. 그러나『신경 끄기의 기술』 저자인 마크 맨슨은 이 주장에 모순이 있다고 지적한다.

그는 "모두가 특별하다는 말은 사실상 아무도 특별하지 않다는 것과 같다."고 말하는데, 이는 '특별함'이 성공의 기준이 되는 사회에서 중간에 위치하는 것보다 차라리 밑바닥에 있는 것이 더 나을 수 있다는 그의 주장과 연결된다.

맨슨은 많은 사람들이 자신이 세상에서 가장 비참하고, 가장 억압받고, 가장 핍박받는 사람이라고 주장함으로써 주목받고자 한다고 말한다. 이는 현대 사회에서 '특별함'의 개념이 왜곡되었음을 시사한다. 특별함이란 단순히 우월한 성과나 뛰어난 재능을 의미하는 것이 아니라, 타인의 관심과 동정을 받기 위한 수단으로 사용될 때도 있다는 것이다.

오늘날 많은 사람들은 자신의 특별함을 증명하기 위해 끊임없이 분투한다. 그러나 모두가 특별함을 추구하는 사회에서는 진정으로 특별한 사람이 존재하기 어렵다. 특별함은 상대적인 개념이기 때문이다. 만약 모두가 특별하다면 특별함의 기준은 사라지게 되고 결국 아무도 특별하지 않다는 결론에 이르게 된다.

여기서 생기는 모순은 현대 사회의 많은 문제를 야기한다. 많은 사람들은 자신의 가치를 증명하기 위해 끊임없이 정진하지만 그 과정에서 소외감과 불안감을 느끼게 된다.

이러한 전략은 현대 사회의 많은 사람들에게 영향을 미친다. 사람들은 자신의 비참함과 억압을 강조함으로써 타인의 주목과 동정을 받으려고 한다. 이것은 특별함이 성공의 기준이 되는 사회에서 자신을 보호하고 자신의 가치를 인정받기 위한 방법 중 하나다. 그러나 이러한 눈속임은 진정한 특별함과 성취를 이루기 위한 것이 아니라, 단순히 타인의 주목을 받기 위한 것일 뿐이다.

현대 사회에서는 개인의 성취와 성공이 특별함의 척도로 여겨지는 경향이 강하다. 우리는 교육, 직업, 사회적 지위 등 다양한 분야에서 특별함을 추구한다. 그러나 특별함은 종종 외부적인 성과와 비교에 기반을 둔다. 우리는 자신의 성과를 다른 사람들과 비교하면서 상대적인 우월감을 느끼고자 한다. 이는 끊임없는 경쟁과 비교를 초래하며 우리의 정신적, 정서적 건강에 부정적인 영향을 미칠 수 있다.

우리는 자신을 특별하게 만들기 위해 끊임없이 노력하기보다는 자신의 본질적인 가치를 발견하고 이를 소중히 여겨야 한다.

특별함을 추구하는 또 다른 문제는 사회적 관계의 왜곡이다. 우리는 타인의 인정을 받기 위해 자신의 특별함을 과시하려 하고 이런 망상은 진정한 인간관계를 형성하는 데 장애가 될 수 있다. 우리는 타인의 관심과 동정을 받기 위해 자신의 비참함과 억압을 강조하게 되며 진정한 공감과 이해를 바탕으로 한 인간관계를 형성하는 데 방해가 된다. 우리는 자신의 특별함을 과시하기보다는 타인과의 진정한 관계를 형성하고 서로를 이해하고 공감하는 것이 중요하다.

맨슨의 주장은 우리에게 중요한 교훈을 준다. 우리는 특별함을 추구하기보다는 자신의 본질적인 가치를 발견하고 자신을 있는 그대로 받아들이는 것이 중요하다는 것이다. 특별함은 상대적인 개념이기 때문에 이를 추구하는 과정에서 우리는 오히려 자신의 가치를 잃어버릴 수 있다.

또한, 우리는 타인의 인정과 동정을 받기 위해 자신의 비참함과 억압을 강조하기보다는 자신의 문제를 스스로 해결하고 자신의 가치를 스스로 증명하는 것이 중요하다. 또한, 우리에게 진정한 자신감을 주고 우리의 삶을 더 의미 있고 만족스럽게 만들 수 있다. 이는 우리에게 진정한 기쁨과 충만을 가져다줄 것이다.

2

▼
▼
▼

학교는 소모품을 만드는 공장이다

"학교는 창의적인 천재를 훈련된 평범한 사람으로 바꾸는 곳이다."
– 에리히 프롬

우리는 흔히 학교를 통해 성공적인 인재가 양성된다고 생각하지만, 실제로 학교는 종종 사람들을 기계적으로 훈련시키고 사회가 요구하는 기준에 맞추어 일정한 형태로 틀을 짜 맞추는 곳이 된다. 슬프게도 학교에서 배운 지식들은 실제 삶에서 거의 사용되지 않는 경우가 많다. 오히려 사회에서의 경험이 학교에서 배우는 것보다 수백, 수천 배의 교훈을 담고 있다.

인생이라는 학교에서 배우는 학생으로서, 당신은 과연 얼마나 많은 이익을 얻었는가? 당신은 감성과 지성을 단련시키면서 무엇을 얻었는가? 당신의 삶 속에서 지혜와 용기, 자제력이 얼마나 늘었는가? 여기서 생긴 질문들은 당신이 삶을 살아가면서 어떤 가치와 교훈을 얻었는지 되돌아보게 만든다.

지혜는 단순히 지식의 축적이 아니라 경험을 통해 얻는 통찰력이다. 인생의 다양한 경험 속에서 당신은 많은 교훈을 얻는다. 삶 가운데서 성공과 실패를 겪으며 무엇이 옳고 그른지, 어떤 선택이 더 나은 결과를 가져오는지를 배우게 된다. 지혜는 이와 같은 경험의 총합이며 당신을 더욱 현명하게 만들어 준다.

삶에서 지혜를 얻게 되면 패시브로 따라오는 스킬인 자제력은 당신의 감정과 욕망을 통제하는 능력이다. 인생의 여러 유혹과 도전에 직면하면서 자제력을 기르는 법을 배우게 된다. 자제력은 당신을 더 강하고 더 성숙한 사람으로 만들어 주며 목표를 이루기 위해 필요한 집중력과 인내심을 기르는 데 큰 도움이 된다.

또한, 성공 속에서도 성실함을 잃지 않았는지 돌아보아야 한다. 성공은 삶에 많은 변화를 가져오지만 그 속에서도 성실함을 유지하는 것이 중요하다. 성실함은 꾸준히 노력하는 자세를 의미하며 성공을 지속적으로 유지하고 더 큰 성과를 이루는 데 필수적인 요소다. 성공을 통해 자만하지 않고 계속해서 성실하게 노력해야 한다.

이 과정에서 절제하는 삶을 살았는가도 중요한 질문이다. 절제는 욕망을 통제하고 필요 이상의 것을 탐하지 않는 삶의 태도다. 절제는 삶을 더욱 균형 있게 만들고 정신적인 평온을 가져다준다. 이는 물질적인 욕망에 휘둘리지 않고 진정으로 중요한 것에 집중할 수 있게 해 준다.

시련과 역경 속에서 무엇을 배웠는가?

인생의 시련과 역경은 당신을 시험하고 당신의 한계를 도전하게 만든다. 어려움 속에서 당신은 강해지고 더 나은 사람이 된다. 시련과 역경은 인내심과 결단력을 기르며 이를 통해 더욱 성숙한 사람이 된다. 하지만 경험 속에서 조급함과 불만만을 배웠다면 발전을 저해하는 요소가 된다. 조급함과 불만은 정신을 어지럽히고 목표를 이루는 데 방해가 된다.

인생이라는 학교에서 배운 것은 단순히 학문적인 지식이 아니다. 감성과 지성을 단련시키면서 지혜와 용기, 자제력, 성실함, 절제, 그리고 시련과 역경을 통해 성장하는 법을 배운다. 여기서 얻은 것들은 삶을 더욱 풍요롭게 만들고 더 나은 사람으로 만들어 준다. 인생이라는 학교에서 배운 교훈들은 삶에 깊은 의미를 부여하며 더 나은 미래를 향해 나아가게 만든다.

따라서 인생이라는 학교에서 배운 모든 교훈을 소중히 여기고 이를 통해 더욱 성장해야 하며, 감성과 지성을 끊임없이 단련하고 성공 속에서도 성실함을 잃지 않도록 노력해야 한다.

3

당신의 능력을 알아봐 주는 사람은 세상에 없다

"자신의 능력을 알아보는 것은 자기 자신만이 할 수 있는 일이다. 그 누구도 당신의 잠재력을 대신 발견해 줄 수는 없다."
– 에이브러햄 링컨

당신이 회사에 다닌다면 회사에서조차 능력을 먼저 보여 주지 않으면서 도대체 어떤 성공을 하겠다는 건가? 이것은 현대 사회에서 개인의 능력과 가치를 증명하는 과정이 얼마나 중요한지를 강조하는 말이다. 우리는 흔히 '내 능력을 알아봐 주는 곳에서 일하고 싶다'고 생각하지만, 사실상 어떤 조직에서도 먼저 자신의 능력을 입증하고 보여 주지 않는다면 진정한 성공을 이루기 어렵다.

나 또한 회사에서 소모품으로 일해 본 경험이 있다. 조직 내에서 내가 가진 잠재력과 능력이 제대로 평가받지 못하고 단지 주어진 업무를 처리하는 기계처럼 여겨질 때의 좌절감은 이루 말할 수 없다. 하지만 좌절의 경험을 통해 중요한 교훈을 얻었다. 아무리 뛰어난 능력을 가지고 있더라도 이를 보여 주고 증명하는 과정 없이는 인정받기 어렵다는 것이다.

회사는 성과를 중시하는 곳이다

회사가 당신의 가치를 인정하려면 당신은 먼저 그들이 기대하는 성과를 보여 주어야 한다. 이를 통해 회사 내에서의 위치와 신뢰를 쌓아 나가는 것이 중요하다. 만약 회사에서 능력을 인정받지 못한 사람이 있다면 그 사람이 자신의 능력을 제대로 보여 주지 못했기 때문일 가능성이 크다. 그런 사람은 어떤 사업을 하더라도 성공하기 어렵다는 것이 자명하다. 이는 마치 학창 시절 반에서 꼴찌 하던 친구가 의대에 가겠다고 하는 것과 마찬가지다. 준비와 자질이 부족한 상태에서 높은 목표를 달성하기는 힘들다.

회사의 구조와 문화는 개인의 성과를 중심으로 돌아간다. 그렇기 때문에 자신의 능력을 보여 주고 조직 내에서 가치를 인정받는 과정이 필수적이다. 이를 무시하고 단순히 '내가 이 일을 잘할 수 있을 것이다.'라는 막연한 자신감만으로는 성공을 이룰 수 없다. 이것은 사업에서도 마찬가지다. 사업은 더욱 냉혹한 경쟁의 장이다. 성공하기 위해서는 회사에서 자신의 능력을 입증하고 지속적으로 가치를 창출해 나가는 과정이 필수적이다.

또한, 회사에서 능력을 인정받지 못한 사람은 자신의 능력과 가치를 냉정하게 돌아볼 필요가 있다. 자신이 왜 인정받지 못했는지, 어떤 부분에서 부족했는지를 분석하고 개선하려는 노력이 필요하다. 이는 단순히 회사를 떠나 새로운 일을 찾는 것보다 훨씬 더 중요한 과정이다. 자기 자신을 돌아보고 부족한 부분을 보완하는 과정이 없다면 어떤 새로운 도전을 하더라도 같은 실수를 반복하게 될 것이다.

나는 회사에서 무한 경쟁을 통해 나의 능력을 향상시켰다. 회사라는 환경은 단순히 주어진 업무를 수행하는 곳이 아니라 끊임없는 경쟁과 도전을 통해 자신의 한계를 시험하고 능력을 발휘하는 무대이다. 창업과 다르게 돈도 들지 않으면서 경험과 지식을 배울 수 있다. 이 과정에서 나는 내 능력을 극대화하고 경쟁자들을 이기기 위해 피눈물 나는 노력을 기울였다. 만약 회사에서 분투했던 노력이 없었다면 사업을 시작했을 때도 좋은 성과를 내지 못했을 것이다.

그리고 회사의 무한 경쟁 속에서 나는 매일 새로운 도전에 직면했다. 동료들과의 경쟁은 물론, 회사의 기대에 부응하기 위해 자신을 끊임없이 단련하고 발전시켜야 했다. 단순한 업무 수행이 아니라 전략적으로 생각하고 문제를 해결하며 창의적인 방법을 모색하는 과정이었고 이를 통해 나는 나 자신의 한계를 뛰어넘고 새로운 능력과 기술을 습득하게 되었다.

특히, 회사에서의 경험은 나에게 끈기의 중요성을 가르쳐 주었다. 아무리 어려운 상황에서도 포기하지 않고 목표를 향해 꾸준히 노력하는 것이 얼마나 중요한지를 깨달았다. 이 과정에서 나는 문제 해결 능력과 스트레스 관리 능력을 향상할 수 있었고 사업을 시작했을 때 큰 도움이 되었다. 사업은 회사보다도 더 많은 불확실성과 도전을 동반하기 때문에 경험은 당연히 필수적이다. 회사에서의 경험은 나에게 준비를 할 수 있는 중요한 밑바탕이 되었다. 돈도 안 들고 오히려 돈을 받으며 공짜로 일을 배울 수 있다. 너무 좋지 않은가?

결론적으로 사회에서 자신의 능력을 먼저 보여 주지 않는다면 어떤 조직에서도, 더 나아가서 당신이 사업을 하게 되더라도 진정한 성공을 이루기 어렵다. 사회에서 능력을 인정받기 위해서는 끊임없는 노력과 성과를 통해 자신의 가치를 입증해야 하며 그 과정에서 우리는 더욱 성장하고 더 큰 목표를 향해 나아갈 수 있다. 결국, 당신의 능력을 알아봐 주는 사람은 세상에 없으며 스스로 증명하고 입증해야 한다.

4

타인은 신경 쓰면서 자신은 방치하고 있지 않은가?

"당신에게 주어진 시간은 한정돼 있다.
그러니 다른 사람의 삶을 사느라 인생을 낭비하지 마라."
– 스티브 잡스

타인을 신경 쓰며 나를 돌보지 않으면서 행복해지길 바라는 것은 어리석은 일이다. 우리는 종종 타인의 기대와 요구에 부응하려고 애쓰며 자신을 돌보는 것을 소홀히 한다. 그러나 이러한 태도는 결국 우리 자신에게도 타인에게도 해로울 수 있다. 진정한 행복과 건강한 관계는 나 자신을 돌보는 것에서부터 시작된다.

자기 돌봄은 지속 가능한 행복의 기초다. 다른 사람들을 행복하게 하려는 노력은 귀중하지만 내가 지치고 소진된 상태에서는 그 노력이 지속될 수 없다. 마치 비행기에서 산소마스크를 자신이 먼저 착용해야 다른 사람을 도울 수 있는 것처럼 나를 돌보는 것이 타인을 돕는 첫걸음이다. 내가 신체적, 정신적으로 건강할 때 비로소 타인에게도 긍정적인 에너지를 전달할 수 있다. 자기 자신을 돌보지 않으면 점차 피로와 스트레스가 쌓여 결국에는 타인에게 부정적인 영향을 미칠 수밖에 없다. 이는 연인, 가족, 친구 등 가까운 사람들에게 특히 더 크게 나타난다. 그들이 기대하는 나의 모습이 지속적으로 유지되지 못할 때, 관계에 균열이 생길 수 있다.

나 자신을 돌보는 것은 자아 존중감을 높이는 데 중요하다. 자신을 돌보지 않으면서 타인의 인정과 사랑을 갈구하는 것은 궁극적으로 자신을 소모시키는 행위다. 자아 존중감은 자신을 존중하고 사랑하는 것에서 시작된다. 내가 나 자신을 가치 있게 여길 때 타인도 나를 존중하게 된다. 이것은 건강한 관계의 바탕이 되며 타인과의 상호작용에서도 긍정적인 영향을 미친다. 자아 존중감이 높은 사람은 타인의 비판이나 부정적인 반응에도 흔들리지 않고 자신을 지키며 더욱 성숙한 방식으로 대처할 수 있고 결과적으로 더 안정적이고 지속 가능한 인간관계를 가능하게 한다.

나를 돌보는 것은 자신의 욕구와 필요를 인식하고 충족하는 과정이다. 우리는 타인의 욕구에 맞추기 위해 자신의 욕구를 억누르는 경우가 많다. 그러나 자신의 욕구를 무시하는 것은 장기적으로 불만과 좌절을 초래할 수 있다. 자신의 욕구를 인식하고 충족시키는 것은 행복과 만족감을 증진시킨다. 단순히 자기 자신을 위한 것이 아니라, 궁극적으로는 더 나은 인간관계를 형성하는 데 도움이 된다. 내가 만족스러울 때 타인에게도 더 많은 배려와 사랑을 줄 수 있기 때문이다. 예를 들어, 취미 생활이나 휴식을 통해 자신에게 시간을 투자하는 것은 단지 개인의 만족을 넘어서 그 만족이 다른 사람들과의 관계에서도 긍정적으로 작용한다. 에너지가 넘치고 행복한 사람은 타인에게도 긍정적인 영향을 미친다.

자기 돌봄은 감정적 균형을 유지하는 데 필수적이다. 우리는 종종 타인의 감정을 돌보느라 자신의 감정을 소홀히 하곤 한다. 그러나 자신의 감정을 인정하고 관리하는 것은 정신 건강을 유지하는 데 중요하다. 감정적 균형을 유지할 때 우리는 스트레스 상황에서도 더 효과적으로 대처할 수 있으며 타인과의 갈등에서도 보다 건설적으로 대응할 수 있다. 자신의 감정을 돌보는 것은 단순히 이기적인 것이 아니라, 자신과 타인 모두를 위한 것이다. 감정을 관리하지 못하면 우리는 작은 일에도 쉽게 좌절하거나 화를 내게 되고 주변 사람들에게도 부정적인 영향을 미친다. 감정을 잘 관리하는 사람은 문제 상황에서도 침착하게 대처하며 다른 사람들과의 관계에서도 신뢰를 쌓을 수 있다.

또한, 자신을 돌보지 않음으로써 필연적으로 발생하는 번아웃은 가장 심각한 결과 중 하나다. 번아웃은 극심한 신체적, 정신적 피로를 초래하며, 개인의 삶의 질을 크게 저하시킬 수 있다. 번아웃 상태에서는 일상생활에서 즐거움을 찾기 어렵고 심지어 가장 간단한 일조차도 버거워질 수 있다. 타인의 요구에만 맞추다 보면 결국 자신은 소진되고 우울증, 불안 장애 등의 정신 건강 문제로 이어질 수 있다. 또한 번아웃은 신체 건강에도 영향을 미쳐, 만성 피로, 수면 장애, 소화 문제 등을 유발할 수 있다. 이는 개인의 행복뿐만 아니라 생산성과 창의성에도 부정적인 영향을 미친다.

'에너지 흡혈귀'로 불리는 사람들과의 관계는 주의가 필요하다

에너지 흡혈귀는 타인의 에너지를 끊임없이 소모하게 하며 그 과정에서 자신은 충전되고 상대방은 지쳐 버리게 만드는 사람들이다. 이들은 끊임없이 도움을 요청하거나 부정적인 감정을 표출하며 타인의 정서적 자원을 고갈시킨다.

이런 사람들과의 관계는 매우 소모적이며 장기적으로는 정신적, 감정적 건강에 큰 타격을 줄 수 있다. 에너지 흡혈귀와의 관계에서 자신을 보호하기 위해서는 건강한 경계를 설정하고 필요할 때는 단호하게 거절할 수 있는 용기가 필요하다. 자신을 돌보지 않으면 이들의 끊임없는 요구와 부정적인 에너지에 압도되어 결국 번아웃에 이를 수 있다.

나를 돌보지 않고 타인을 신경 쓰며 행복해지길 바라는 것은 실현 불가능한 이상이다. 우리는 자신을 돌보는 것을 우선시해야 한다. 나 자신을 돌보는 것이 곧 타인을 돌보는 것이며 나의 행복이 타인의 행복과도 연결되어 있음을 인식해야 한다. 자기 돌봄을 통해 우리는 진정한 행복을 찾을 수 있으며 더 건강하고 의미 있는 관계를 맺을 수 있다. 나를 돌보는 것은 타인을 돌보는 것의 출발점이며 이것이야말로 진정한 행복과 성장을 위한 길이다.

나아가, 자기 돌봄을 통해 우리는 삶의 질을 향상시킬 수 있으며 더 나아가 타인에게 긍정적인 변화를 유도할 수 있다. 나의 행복이 타인의 행복과 상호 연결되어 있음을 이해할 때, 우리는 보다 조화롭고 균형 잡힌 삶을 살아갈 수 있다. 자기 돌봄은 개인의 성장과 행복의 기초일 뿐만 아니라, 타인과의 관계에서도 중요한 역할을 한다. 이를 통해 우리는 더 나은 자신, 더 나은 관계, 더 나은 인생을 만들어 나갈 수 있을 것이다.

5

▼
▼
▼

가장 행복한 사람은 정신적으로 뒤떨어진 사람이다?

"어리석음은 끝이 없고, 지혜는 그 깊이를 알 수 없다."
– 알베르트 아인슈타인

"가장 행복한 사람은 정신적으로 뒤떨어진 사람이다."라는 주장은 흔히 들리지만, 과연 그럴까? 이 주제는 행복의 본질과 인간의 욕망, 자아실현에 대해 깊이 생각해 보게 한다. 알베르트 아인슈타인의 말처럼 단순한 삶이 가져다주는 행복과 복잡한 삶이 선사하는 행복을 비교해 볼 수 있다.

먼저, 정신적 단순함이 행복을 가져다줄 수 있는 이유는 분명하다. 정신적으로 단순한 사람들은 복잡한 문제나 스트레스에 덜 시달린다. 그들은 일상의 작은 것들에서 기쁨을 느끼며 현재의 순간에 집중할 수 있다. 복잡한 인간관계나 미래에 대한 불안, 경쟁에 대한 스트레스 없이 단순한 삶은 표면적으로 매우 행복해 보일 수 있다.

그러나 대부분의 사람들은 위와 같은 단순한 행복을 부러워하지 않는다. 슬프게도 인간의 본성이 단순한 쾌락 이상을 추구하기 때문이다. 인간은 자아실현을 추구하며 자신의 잠재력을 최대한 발휘하고자 한다. 이는 도전과 성취, 성장과 발전을 통해 이루어진다. 정신적으로 단순한 사람들은 자아실현의 욕구를 충족시키지 못할 수 있으며 복잡한 문제를 해결하거나 큰 목표를 달성하는 과정에서 오는 성취감과 만족감을 경험하지 못한다.

자아실현은 인간의 삶에 깊은 의미를 부여한다

자아실현은 단순히 물질적이거나 일시적인 쾌락을 넘어, 우리의 존재 자체에 대한 의미를 찾고 자신을 초월하는 경험을 하게 한다. 정신적으로 복잡한 사람들은 자아실현의 과정을 통해 더 깊은 행복을 경험할 수 있다.

또한, 인간은 사회적 존재로서 타인과의 관계 속에서 행복을 찾는다. 정신적으로 복잡한 사람들은 더 깊고 의미 있는 인간관계를 형성할 수 있다. 이들은 타인의 감정과 생각을 이해하고 공감하며 더 깊은 연결을 느낄 수 있다. 그리고 인간관계에서 오는 만족감과 행복감을 증가시킨다. 반면, 정신적으로 단순한 사람들은 타인과 깊은 관계를 형성하기 어려울 수 있으며 그들의 사회적 만족도를 낮출 수 있다.

정신적 복잡성은 창의성과 문제 해결 능력을 향상하게 한다. 이는 새로운 아이디어를 창출하고 혁신을 이루는 데 중요한 역할을 한다. 정신적으로 복잡한 사람들은 창의성과 문제 해결 능력을 통해 세상에 긍정적인 영향을 미칠 수 있으며 그들에게 더 큰 의미와 목적을 제공하며 궁극적으로 더 큰 행복을 가져다줄 수 있다.

더 나아가, 정신적으로 복잡한 사람들은 삶에서 도전을 통해 더 큰 성장과 발전을 경험할 수 있다. 도전은 우리의 한계를 시험하고 능력을 극대화하는 기회를 제공한다. 이는 자신감을 향상시키고 더 큰 성취감을 느끼게 한다. 정신적으로 단순한 사람들은 여러 가지 도전과 성취의 기회를 놓칠 수 있으며 그들의 삶을 더 평범하고 단조롭게 만들 수 있다.

정신적 복잡성은 더 깊은 철학적 고찰과 자기 이해를 가능하게 한다. 우리는 자신의 존재와 목적에 대해 더 깊이 생각하고 가치관과 신념을 형성할 수 있다. 이는 삶에 더 큰 의미와 방향을 제공하며 더 의식적이고 목적 있는 삶을 살아가게 한다. 정신적으로 단순한 사람들은 깊은 고찰과 자기 이해의 기회를 가지기 어려울 수 있고 이로 인해 그들의 삶을 더 표면적이고 일시적인 만족에 머무르게 할 수 있다.

그렇기에 정신적으로 가장 뒤떨어진 사람이 가장 행복할 수 있다는 주장은 일면 타당할 수 있다. 그들은 단순한 삶에서 오는 기쁨과 만족을 느끼며 복잡한 문제와 스트레스에서 자유롭다. 그러나 대부분의 사람은 위와 같은 단순한 행복을 부러워하지 않는데 인간이 자아실현과 성장, 깊은 인간관계와 창의성을 통해 더 큰 행복을 추구하기 때문이다. 정신적 복잡성은 인간의 삶에 깊은 의미와 목적을 부여하며 더 큰 만족과 행복을 가져다주고, 우리가 더 큰 목표를 설정하고 끊임없이 성장하며 타인과 깊은 관계를 맺는 과정을 통해 이루어진다는 사실을 명심하라.

6

▼
▼
▼

결정을 미루는 순간 패배한다

> **"당신의 결정이 당신의 운명을 만든다. 인생은 선택의 연속이다."**
> – 앤서니 로빈스

"당신이 왜 실패자인지 알려 드리겠습니다. 결정을 내릴 힘이 없는 까닭입니다. 평생 당신은 결정을 내리는 것을 회피해 왔고, 이제는 아주 습관이 되어 무언가 결정을 내린다는 일이 아예 불가능하게 되어 버린 것이죠."

이 말은 실패의 원인을 결단력 부족에서 찾는 강력한 메시지를 담고 있다. 결정을 내리는 것은 성공과 실패를 가르는 중요한 요소 중 하나이다. 결단력은 우리의 삶을 주도적으로 살아가게 하며 목표를 설정하고 이를 달성하기 위한 구체적인 행동을 취할 수 있도록 한다.

결정을 내리는 것을 회피하는 이유는 다양하다.

첫째, 결정을 내리는 것은 책임을 수반하기 때문이다. 우리는 결정을 내리고 그에 따른 결과에 책임을 져야 한다. 이는 실패에 대한 두려움과 책임 회피로 이어질 수 있다. 둘째, 결정을 내리는 것은 불확실성을 수반한다. 우리는 미래를 예측할 수 없기 때문에 어떤 결정을 내리더라도 그 결과가 어떻게 될지는 확실하지 않다. 셋째, 결정을 내리는 것은 자원과 시간을 요구한다. 우리는 결정을 내리기 위해 필요한 정보를 수집하고 분석해야 하며 이를 위해 노력과 시간이 필요하다.

결정을 내리지 않는 것은 우리의 삶에 부정적인 영향을 미친다. 자신의 삶을 주도적으로 살아가지 못하고 외부의 상황이나 다른 사람들의 결정에 의해 우리의 삶이 좌우되게 된다. 이것은 우리의 자존감과 자신감을 낮추고 우리의 삶을 단조롭고 불만족스럽게 만들 수 있다.

결정을 내리는 것은 우리의 삶을 형성하는 중요한 요소이다. 우리는 결정을 통해 우리의 목표를 설정하고 이를 달성하기 위한 구체적인 행동을 취할 수 있다. 이는 우리의 삶을 주도적으로 살아가며 우리의 잠재력을 최대한 발휘할 수 있게 만든다.

결정을 내리는 능력을 키우는 것은 실패를 예방하는 예방접종과 같다. 인생은 끊임없는 선택의 연속이며 우리는 매 순간 결정을 내려야 한다. 작은 결정에서부터 큰 인생의 전환점까지, 우리는 항상 선택의 기로에 서 있다. 여러 가지 결정들이 모여 우리의 인생을 형성하고 우리의 미래를 결정짓는다. 따라서 결정을 내리는 능력을 키우는 것은 우리의 성공과 행복을 위해 필수적이다.

Chapter 6

내 모습이 역겨워지는 순간, 이제 변해야 할 때다

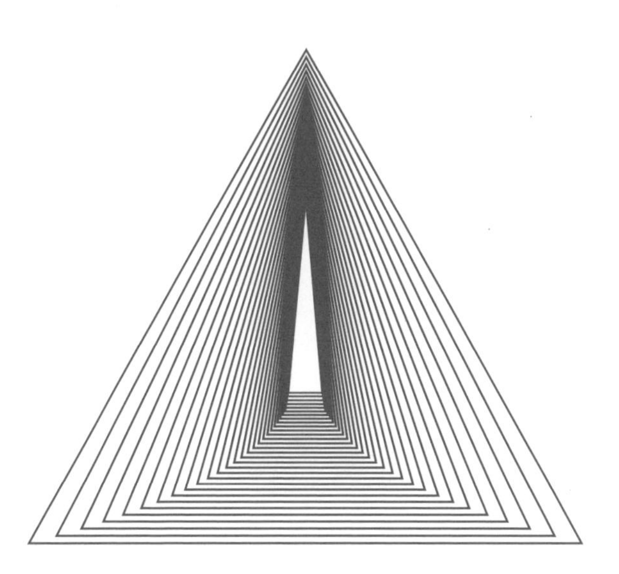

A m b i t i o n

A m b i t i o n

엠비션은 자신을 변화시키려는 강한 열망에서 시작된다. 자신의 모습에 실망하는 순간, 그 실망은 새로운 시작의 신호이다. 진정한 야망은 자신을 부정하지 않고, 더 나은 나를 향해 변화를 시도할 때 빛난다. 포부를 이루기 위해서는 스스로의 변화를 두려워하지 말아야 한다.

1

▼
▼
▼

위버멘쉬로 살 것인가, 인간 말종으로 살 것인가?

"자신이 죽었다고 생각하라. 당신은 당신의 삶을 이미 살았다.
이제 남은 것으로 제대로 살아라."
– 마르쿠스 아우렐리우스

프리드리히 니체는 그의 철학에서 인간 존재의 다양한 측면을 탐구하며 '위버멘쉬'와 '인간 말종'이라는 개념을 제시했다. 이 두 개념은 인간의 궁극적 잠재력과 그 반대의 타락된 상태를 나타낸다.

니체의 '위버멘쉬'는 그의 저서 『차라투스트라는 이렇게 말했다』에서 등장한다. 위버멘쉬는 '초인' 또는 '위인'을 의미하며 기존 인간의 한계를 넘어서는 존재를 가리킨다. 위버멘쉬는 자기 극복, 자율성, 창조적 힘, 운명 사랑의 특징을 가진다.

반대로, 니체의 '인간 말종'은 위버멘쉬와 대조되는 개념으로, 발전하지 않고 퇴보와 안일에 빠져든 상태를 나타낸다. 인간 말종은 안일과 나태, 동일성과 무기력, 미래에 대한 두려움, 의미 상실의 특징을 가진다. 이는 문명의 타락과 쇠퇴의 징후로 보았다.

당신은 위버멘쉬로 살아갈 것인가, 인간 말종으로 살아갈 것인가? 위버멘쉬로 살아가는 것과 인간 말종으로 살아가는 것은 단순히 개인의 선택을 넘어서, 인간 존재의 근본적인 물음을 던진다. 우리는 삶의 주체로서 스스로의 길을 개척할 것인가, 아니면 주어진 환경에 순응하며 살아갈 것인가? 이는 우리가 어떤 삶의 가치를 추구하고 어떤 태도로 삶을 마주할 것인지에 대한 깊은 성찰을 요구한다.

위버멘쉬로서의 삶은 결코 쉽지 않지만 그것이 우리에게 진정한 의미와 가치를 부여할 것이다. 반면, 인간 말종으로 살아가는 것은 편안할 수 있지만 그 속에는 삶의 진정한 기쁨과 성취가 존재하지 않을 것이다.

위버멘쉬로 살아가는 삶은 자신만의 고유한 길을 개척하고 스스로에게 부여한 목표와 가치를 따르는 삶이다. 애석하게도 삶은 끊임없는 도전과 성장을 요구하지만 그 과정에서 우리는 더 깊은 자기 이해와 성취감을 얻을 수 있다. 위버멘쉬는 자신의 삶에 주체적으로 참여하며 외부의 가치와 기준에 휘둘리지 않고 자신의 내면에서 나오는 진정한 욕구와 열망을 따르는 사람이다. 그는 고통과 좌절을 두려워하지 않고 오히려 그것을 통해 더 강하고 지혜로운 존재로 거듭난다.

위버멘쉬는 단순히 개인적인 성취를 넘어서는 존재이다. 그는 자신의 독창성과 창의성을 통해 새로운 가치를 창조하고 기존의 한계를 뛰어넘는 혁신을 이루어낸다. 더 나아가 단순히 개인의 성장에 그치지 않고 사회와 인류 전체에 긍정적인 영향을 미칠 수 있다. 위버멘쉬는 타인의 삶에도 영감을 주며 모두가 더 나은 삶을 추구하도록 독려하며 개인의 성장과 행복을 넘어 사회의 발전과 번영에도 기여할 수 있다.

위버멘쉬로서의 삶은 자주성과 독립성을 바탕으로 한다. 그는 자신의 운명을 스스로 결정하며 외부의 압력에 굴복하지 않고 주체적인 사고와 행동을 요구하며 자신만의 길을 개척하는 용기를 필요로 한다. 위버멘쉬는 자신의 삶을 예술 작품처럼 창조하며 자신의 기준에 따라 삶을 설계한다. 이는 끊임없는 자기 탐구와 혁신을 요구한다.

위버멘쉬로 살아간다는 것은 단순히 외적인 성공이나 물질적인 풍요를 추구하는 것이 아니다. 오히려 내면의 충실함과 정신적인 성장을 중시하는 삶이다. 위버멘쉬는 자신의 내면에서 진정한 행복과 만족을 찾으며 외부의 조건이나 환경에 의존하지 않는다. 이는 우리가 진정한 의미에서 자유로운 존재가 되는 길이다.

이와 대조적으로, 인간 말종으로 살아간다는 것은 타인의 기대와 요구에 따라 움직이며 자신의 진정한 욕구와 열망을 무시하는 삶이다. 역설적이게도 일시적인 안락함을 제공할 수 있지만 결국에는 내면의 공허함과 불만을 초래한다. 인간 말종은 변화와 도전을 두려워하며 현재의 상태에 안주하는 경향이 있다. 그는 자신의 삶에 대한 책임을 외면하고 타인이나 외부 환경을 탓하며 주어진 조건 속에서만 살아간다. 이러한 삶은 우리의 잠재력을 억압하고 진정한 의미와 가치를 경험하지 못하게 만든다.

인간 말종으로 살아가는 삶은 피상적이고 얕은 관계에 의존하며 진정한 인간관계를 형성하지 못한다. 이는 타인과의 깊이 있는 소통과 교감을 방해하며 외로움과 고립감을 초래할 수 있다. 인간 말종은 자신의 삶에 대한 주도권을 포기하고 외부의 영향력에 휘둘리며 살아간다. 결국 자신의 삶을 주체적으로 살아가지 못해 내면의 공허함과 좌절감을 증폭시킨다.

우리는 스스로에게 물어야 한다. 나는 위버멘쉬로 살아갈 것인가, 아니면 인간 말종으로 살아갈 것인가? 이 질문에 대한 답은 우리의 삶의 방향과 태도를 결정짓는 중요한 기준이 될 것이다. 우리가 어떤 선택을 하든,

그 선택이 우리의 삶에 어떤 영향을 미칠지 깊이 고민하고 스스로의 길을 개척해 나가야 할 것이다. 우리는 각자의 삶의 주인이며 그 주인으로서의 책임과 역할을 다해야 한다. 이는 결코 쉬운 일이 아니지만 그 과정에서 우리는 진정한 자기 실현과 행복을 찾을 수 있을 것이다.

당신이 위버멘쉬로 살아갈 것인가 인간 말종으로 살아갈 것인가는 전적으로 당신의 선택에 달려 있다. 우리는 매 순간 선택의 기로에 서 있으며 그 선택이 우리의 삶을 결정짓는다. 위버멘쉬로서의 삶은 결코 쉬운 길은 아니지만 그 길을 선택함으로써 우리는 더 깊고 풍부한 삶을 영위할 수 있다. 반면, 인간 말종으로 살아가는 것은 일시적인 안락함을 제공할 수 있지만 그 끝에는 공허함과 후회가 기다리고 있을 것이다.

삶은 끊임없는 선택의 연속이며 그 선택이 우리의 운명을 결정한다. 우리는 매 순간 주어진 선택의 기로에서 고통의 길을 선택할 수 있는 용기와 결단력을 가져야 한다. 때로는 외롭고 험난한 길일 수 있지만 그 길을 통해 우리는 진정한 자유와 성취를 경험할 수 있다. 위버멘쉬로서의 삶은 우리가 강인한 철인으로 살아가게 만들며 더 나은 인생을 만들어 가는 여정이다.

2

▼
▼
▼

당장 잠재력을 깨우지 않으면 평생 졸고 있을 것이다

> **"시간을 헛되이 보내지 않는 사람은 시간이 부족해도 불평하지 않는다."**
> – 토마스 제퍼슨

인간의 잠재력에 비하면 우리는 반쯤 졸고 있는 것과 마찬가지다. 대부분의 사람은 자신의 정신력과 신체적 능력의 일부분만 활용하며 자기 한계에 훨씬 못 미치는 삶을 살아간다. 우리의 뇌는 엄청난 정보를 처리할 수 있는 능력을 가지고 있고 신체는 놀라운 회복력과 적응력을 지니고 있다. 그러나 우리는 잠재력을 제대로 활용하지 못한다. 이는 여러 가지 이유 때문이다.

우리는 종종 자신의 능력을 과소평가하며 도전적인 목표를 설정하는 것을 두려워한다. 실패에 대한 두려움, 타인의 평가에 대한 두려움 등이 우리를 제약하고 쉽게 포기하게 만든다. 어릴 때부터 우리는 안전하고 안정적인 길을 선택하도록 교육받는다. 위험을 감수하지 말고 편안하고 익숙한 환경에 머무르라는 메시지를 받는다. 이런 환경에서 자란 우리는 새로운 도전을 두려워하고 자신의 능력을 시험해볼 기회를 놓치게 된다. 결과적으로 우리의 잠재력을 최대한 발휘하지 못하게 하는 주요 요인 중 하나가 된다.

현대 사회의 빠른 변화와 정보 과부하도 중요한 원인이다. 우리는 끊임없이 새로운 정보와 자극에 노출되며 이로 인해 집중력을 잃고 산만해진다. 집중력과 지속적인 노력이 필요한 장기적인 목표를 추구하기보다는 즉각적인 만족과 단기적인 성과에 집착하게 된다. 이것은 우리의 잠재력을 최대한 발휘하지 못하게 만든다. 정보의 홍수 속에서 우리는 중요한 것과 그렇지 않은 것을 구분하기 어려워지며 주의력이 분산되고 목표에 집중하지 못하게 된다.

또 다른 이유는 자기 의심이다. 실패에 대한 두려움, 비판에 대한 두려움, 그리고 미지의 것에 대한 두려움은 우리의 행동을 제약한다. 의심은 우리를 안전지대에 머물게 하며 새로운 도전을 피하게 만든다. 가족들의 시선도 중요한 요인이다. 우리는 종종 가족의 기대에 맞추기 위해 자신의 목표와 열정을 희생한다. 가족, 친구, 동료의 기대와 시선은 우리의 행동과 선택을 크게 좌우한다. 타인의 시선과 압력은 우리가 진정으로 원하는 것을 추구하지 못하게 하며 잠재력을 발휘하는 데 장애가 된다.

자신의 능력을 낮게 평가하는 경향도 있다. 우리는 자신이 할 수 있는 것보다 더 적은 목표를 설정하고 도전적인 목표를 피하며 자신의 잠재의식을 최대한 발휘하지 못하게 한다. 자신을 하찮게 평가하고 자신의 능력을 믿지 못하는 것은 성장뿐만 아니라 미래 선택의 폭도 줄이는 결과를 초래한다. 일상적인 습관과 관성도 잠재력을 깨우지 못하게 하는 요인이다. 매일 반복되는 일상은 편안하게 만들지만 동시에 새로운 도전을 회피하게 만든다. 일상의 편안함과 익숙함에 젖어, 더 이상 새로운 것을 시도하려 하지 않는 것이다.

주변 사람들의 시선과 의견에 너무 많은 신경을 쓰는 것도 문제다. 타인의 시선이나 의견을 지나치게 의식하면 자신의 가치관이나 목표보다는 다른 사람들의 기대에 맞추려고 애쓰게 된다. 이는 자아 정체성을 혼란스럽게 하고 자신의 잠재력을 온전히 발휘하지 못하게 한다. 자기 돌봄을 위해서는 다른 사람들의 시선을 의식하지 말고 주체적으로 살아가야 한다.

잠재력을 발휘하는 데 있어 시간 관리와 우선순위 설정은 필수적이다. 그러나 중요한 일과 덜 중요한 일을 구분하지 못하고 긴급하지만 중요하지 않은 일에 시간을 낭비하게 된다. 또한, 에너지를 분산시키고 잠재력을 최대한 발휘하는 데 방해가 된다.

우리는 중요한 목표를 설정하고 그것을 달성하기 위해 집중해야 한다. 또한, 피로와 지침도 중요한 문제다. 현대 사회의 빠른 변화와 끊임없는 자극은 정신과 신체에 큰 부담을 준다. 충분한 휴식과 회복을 취하지 않으면 잠재력을 최대한 발휘할 수 없다.

우리는 방해 요인들을 극복하고 자신의 잠재력을 최대한 발휘할 수 있다. 이를 위해서는 먼저 자신에 대한 믿음과 자신감을 가져야 한다. 자신이 가지고 있는 능력을 믿고 도전적인 목표를 설정하며 실패를 두려워하지 않는 용기가 필요하다. 우리는 더 큰 목표를 설정하고 더 큰 도전을 받아들이며 자신의 능력을 최대한 발휘할 수 있는 기회를 찾아야 한다. 이를 통해 더 나은 삶을 살아갈 수 있으며 자신의 한계를 뛰어넘어 놀라운 성과를 이룰 수 있을 것이다.

이때까지 이루어 낸 인간의 문명은 이 모든 의심을 불식할 만큼 놀라운 증거이다. 따라서 우리는 무한한 잠재력을 가지고 있으며 이를 최대한 활용하는 것이 최우선 목표가 되어야 한다.

3

▼
▼
▼

당신의 정신을 재련하라

> **"우리의 삶은 우리가 가진 정신의 질에 달려 있다."**
> – 마르쿠스 아우렐리우스

금을 얻는 과정은 매우 힘들고 인내가 필요하다. 광석을 뜨거운 불에 넣어 여러 번 정제해야만 높은 순도의 금을 얻을 수 있다. 불에 많이 넣을수록 금의 순도는 높아진다. 열네 번 단련한 금을 14K라고 부르고, 열여덟 번 단련한 금은 18K라고 하며, 스물네 번 단련한 금을 24K 순금이라고 한다. 이처럼 뜨거운 불에 많이 들어갈수록 금의 순도는 높아지고 그 가치도 함께 높아진다. 여기에서 의미하는 불은 인생에서의 고난이라고 표현할 수 있다.

고난은 우리의 내면을 단련시키는 과정에서 중요한 역할을 한다. 고난을 겪으면서 우리는 자신의 약점을 마주하고 그것을 극복하기 위한 방법을 찾는다. 그리고 그 과정에서 우리는 더 강해지고 더 지혜로워진다. 고난을 이겨 내는 경험은 우리에게 큰 자신감을 주며 앞으로의 도전에서도 두려움을 극복할 수 있는 힘을 준다.

고난을 통해 얻은 성취는 단순히 일시적인 성공이 아니라 깊이 있는 성공이다. 이는 우리의 인생을 더욱 의미 있게 만들고 진정한 행복을 느끼게 한다. 고난을 통해 우리는 더 큰 성취를 이루기 위한 인내와 끈기를 배우며 우리의 삶을 풍요롭게 만든다.

고난을 이겨 내는 과정에서 우리는 자신을 더 잘 이해하게 되고 자신의 진정한 가치를 발견하게 된다. 고난은 우리의 내면을 정제하고 더 순수하고 가치 있는 존재로 만들어 준다. 이 과정에서 우리는 더 큰 목적과 의미를 찾게 되며 이를 통해 진정한 성공을 이룰 수 있다.

삶은 끊임없는 도전과 문제들로 가득 차 있다

수많은 문제는 크든 작든 간에 우리의 마음속에 염려를 불러일으킬 수 있다. 염려는 우리의 정신을 잠식하며 문제를 해결할 수 있는 능력을 마비시킨다. 염려가 깊어질수록 우리는 점점 더 무력해지고 결국에는 아무런 행동도 하지 못하게 된다. 이와 같은 상태는 우리의 삶을 더욱 어렵게 만들며 궁극적으로는 우리의 건강과 행복을 해친다.

당신에게 주어진 문제가 무엇이든, 그것이 당신에게 어떤 염려를 가져다 주었든 그것이 당신을 염려의 구렁텅이로 빠트리는 것을 용납하지 마라. 문제를 직시하고 그것을 해결하기 위한 구체적인 계획을 세워라. 현실과 대결하라! 문제를 외면하거나 도피하지 말고 그 문제를 해결하기 위한 방법을 찾아야 한다. 이는 우리의 삶을 더욱 행복하게 만들고 우리를 더 강한 사람으로 만들어 준다.

염려는 문제를 해결하는 데 아무런 도움이 되지 않는다. 오히려 문제를 더 복잡하게 만들고 우리의 정신을 혼란스럽게 할 뿐이다. 염려 대신, 문제를 해결하기 위한 실질적인 행동을 취하라. 문제를 하나씩 해결해 나가면서 우리는 점점 더 많은 자신감을 얻게 될 것이다. 이것은 우리의 정신을 건강하게 유지하고 더 나은 삶을 살아가는 데 큰 도움이 된다.

당신이 목표를 이루는 순간을 상상하면서 그 순간의 감정과 분위기를 마음속에 명확히 그려보라. 이때 느끼는 기쁨, 성취감, 자부심을 최대한 생생하게 떠올려라. 그러면 그 성공의 이미지는 마음속에 깊이 각인될 것이다.

이 이미지를 마음속에 명확히, 그리고 지워지지 않게 각인시켜라. 당신이 성공하는 모습을 마치 사진이나 영화처럼 생생하게 기억하고 그 감정을 끊임없이 되새기라. 성공의 순간을 구체적으로 상상하면서 목표가 현실로 이루어지는 과정을 시각화하라. 이를 통해 목표를 더욱 분명히 인식하게 되고 그 목표를 향해 나아갈 동기와 에너지를 얻게 될 것이다.

그리고 그 그림을 끈질기게 간직하라. 시간이 지나 어려움이 닥쳐도 그 이미지를 절대 희미하게 내버려 두지 마라. 당신의 마음속에 강렬하게 각인된 성공의 이미지는 목표를 이루기 위한 강력한 동기부여가 될 것이다. 그 이미지를 잊지 않고 매일매일 되새기며 목표를 향해 끊임없이 노력하라. 이를 통해 당신의 꿈은 점점 더 현실에 가까워질 것이다.

절대 희미하게 내버려 두지 마라. 당신의 꿈과 목표를 향한 열정을 유지하기 위해서는 그 이미지를 항상 선명하게 기억해야 한다. 목표를 이루기 위한 과정에서 많은 어려움과 장애물이 있을 수 있지만 그럴 때마다 마음속에 각인된 성공의 이미지를 떠올려라. 그 이미지는 당신의 마음속에서 꺼지지 않는 등불이 되어 어두운 길을 밝히고 목표로 이끌어 줄 것이다.

이렇게 마음속에 강렬하게 각인된 성공의 이미지는 당신의 무의식에 깊이 뿌리내리게 된다. 당신의 무의식은 그 이미지를 현실로 만들기 위해 끊임없이 작동할 것이다. 무의식은 강력한 힘을 가지고 있으며 당신이 의식적으로 인식하지 못하는 순간에도 목표를 향해 나아가도록 돕는다. 따라서 성공의 이미지를 마음속에 강하게 각인시키는 것은 목표 달성을 위한 중요한 단계다.

그림을 끈질기게 간직하고 절대 희미하게 내버려 두지 않으면 당신의 마음이 그 그림을 실현하기 위해 노력할 것이다. 단순한 상상이 아니라, 실제로 당신의 행동과 태도를 변화시키는 강력한 원동력이 된다. 당신의 마음이 목표를 향해 나아가는 과정에서 필요한 자원과 기회를 찾아내고 이를 최대한 활용하게 될 것이다.

결국, 꿈을 이루기 위해 필요한 것은 강한 믿음과 생생한 상상력이다. 당신이 자신의 꿈을 달성할 것이라 굳게 믿고 그 성공의 순간을 생생하게 상상하며 마음속에 각인시킨다면 당신은 그 꿈을 현실로 만들기 위한 강력한 동기와 에너지를 얻게 될 것이다. 끊임없이 그 이미지를 되새기고 그 목표를 향해 노력할 때 당신의 꿈은 점점 더 현실에 가까워질 것이며 당신의 삶을 변화시키고 더 나은 미래를 만들어 나가는 데 큰 도움이 될 것이다.

4

▼
▼
▼

인생의 성패를 결정하는 것은 바로 자신이다

"성공은 절대적인 것이 아니며, 실패는 영원하지 않다. 중요한 것은 끊임없는 노력이다."

– 조지 S. 패튼

요기 베라는 "인생이란 경기는 마지막 휘슬이 불어야 끝이 난다. 그리고 그 휘슬을 부는 주심은 다른 사람이 아닌 바로 당신 자신이다."라는 말로 인생의 본질을 깊이 있게 표현했다. 이 말은 우리가 삶을 살아가는 동안 겪는 수많은 도전과 선택 속에서 최종적인 결정권과 책임은 오로지 우리 자신에게 있다는 중요한 메시지를 전달한다.

인생을 경기로 비유한 이 명언은 각 개인이 자신의 삶을 주도적으로 살아야 한다는 사실을 강조한다. 경기에서 주심이 경기의 시작과 끝을 결정하듯이 우리 인생에서도 우리의 결정과 선택이 우리의 삶의 방향과 끝을 결정짓는다. 외부의 영향이나 다른 사람들의 의견에 휘둘리기보다는 자신이 원하는 목표와 방향을 설정하고 이를 향해 나아가는 것이 중요하다. 이는 우리가 인생의 주체로서 능동적으로 삶을 살아가는 자세를 요구한다.

이 명언은 인생에서의 책임과 주도권을 상기시킨다. 대부분의 사람들은 본인의 게으름을 외부 환경이나 다른 사람들의 탓으로 돌리곤 한다. 그러나 요기 베라의 이 말은 우리에게 궁극적인 책임은 우리 자신에게 있다는 점을 일깨워 준다. 자신의 삶의 방향과 결과에 대한 책임을 스스로 지고 주도적으로 결정하고 행동해야 한다는 의미를 담고 있으며 우리가 삶의 주인공으로서 주어진 상황 속에서 최선을 다해야 한다는 것을 강조한다.

경기의 주심이 휘슬을 불 때까지 경기는 끝나지 않듯이 우리의 인생도 우리가 포기하지 않는 한 끝나지 않는다. 우리는 계속해서 도전하고 실패를 통해 배우며 목표를 향해 나아갈 수 있는 기회를 가진다. 어떤 상황에서도 스스로 경기를 끝내지 않는 한, 인생은 언제든지 새로운 기회를 제공할 수 있다. 이 명언은 우리가 인생에서 포기하지 않고 끈기와 인내를 가지고 지속적으로 도전해야 한다는 것을 상기시킨다.

따라서 이 명언은 우리에게 인내와 끈기의 중요성도 일깨워 준다. 인생에서 여러 가지 도전과 시련을 만나더라도 우리는 끝까지 최선을 다해야 한다. 자기 자신이 포기하지 않는 한, 경기에서 역전의 기회는 언제든지 있을 수 있다. 주심인 우리가 휘슬을 불기 전까지는 어떤 일도 최종적으로 결정되지 않는다. 이는 우리가 어려운 상황에서도 희망을 잃지 않고 긍정적인 자세로 임해야 한다는 것을 의미한다.

또한, 인생의 긍정적인 태도를 강조한다. 우리는 삶의 주인공으로서 주어진 상황 속에서 최선을 다하고 긍정적인 자세로 임해야 한다. 외부의 영향이나 불확실성에 흔들리지 않고 자신이 원하는 방향으로 삶을 이끌어 가는 것이 중요하다. 자신에게 주어진 삶을 어떻게 살아갈지는 전적으로 우리의 선택에 달려 있다. 이것은 우리가 삶에서 주체적인 자세를 가지고 적극적으로 목표를 설정하고 이를 달성하기 위해 노력해야 한다는 것을 강조한다.

우리는 자신의 삶을 스스로 결정하고 목표를 설정하며 그 목표를 향해 꾸준히 나아가야 한다. 인생의 경기에서 주심은 바로 우리 자신이며 우리의 선택과 행동이 우리 인생의 방향을 결정한다. 이 명언은 우리가 삶을 더 주체적이고 긍정적으로 살아가도록 격려해 준다.

이 명언은 삶의 유한성을 인식하게 한다. 인생의 경기는 언젠가 끝이 난다. 주심인 미래의 당신이 휘슬을 불 때 당신의 모습은 어떠하겠는가? 만일 당신이 다른 이들과 다르게 치열하게 분투하며 살았다면 아마도 그 순간, 당신은 삶의 경기를 되돌아보며 그동안의 모든 노력을 떠올릴 것이다. 경기장 한가운데에 서 있는 당신의 눈은 오랜 경험과 지혜로 가득 차 있을 것이다. 얼굴에는 수많은 시간과 경험이 남긴 주름이 자리하고 그 주름 속에는 수많은 웃음과 눈물이 담겨 있을 것이다. 당신의 손은 수많은 일을 해낸 흔적으로 굳어 있지만 그 속에는 온갖 도전과 성취가 배어 있을 것이다.

요기 베라의 명언은 인생에서의 주체성과 책임, 긍정적인 태도, 자신감, 그리고 삶의 유한성을 모두 포함하는 깊은 의미를 담고 있으며 우리가 매일의 삶에서 어떤 자세를 취해야 하는지 어떤 목표를 설정하고 이를 향해 어떻게 나아가야 하는지를 다시 한번 생각하게 한다. 인생의 경기에서 우리는 스스로 주심이 되어 자신의 삶을 적극적으로 주도하고 목표를 향해 꾸준히 나아가야 한다. 이 명언은 우리에게 삶의 주인공으로서의 자세와 책임을 일깨우며 성공적이고 의미 있는 삶을 살아가도록 격려해 준다.

5

▼
▼
▼

이 순간에도 경쟁자는 쉴 새 없이 책장을 넘기고 있다

"경쟁자는 당신을 강하게 만들고, 당신의 한계를 넘어설 수 있도록 도와준다."
– 마크 큐반

우리는 매일 다양한 도전에 직면하며 때로는 그 무게에 짓눌리기도 한다. 그러나 우리의 경쟁자들은 그런 압박 속에서도 결코 멈추지 않고 끊임없이 자신의 목표를 향해 나아가고 있다. 그들은 책장을 넘기며 새로운 지식을 흡수하고 자신을 성장시키기 위해 쉼 없이 전진하고 있다.

노력은 단순히 책을 읽는 것에 그치지 않는다. 그들은 자신의 한계를 넘어서기 위해 도전을 감행하며 매일 조금씩 자신을 더 나은 사람으로 만들어 가고 있다. 실패를 두려워하지 않고 실패를 배움의 기회로 삼아 끊임없이 자신을 연마한다. 그들은 자신의 분야에서 최고가 되기 위해 필요한 모든 것을 흡수하며 항상 앞서 나가고자 하는 열망을 가지고 있다.

경쟁자들의 노력은 체계적이고 전략적이다

단순히 읽고 배우는 것에서 멈추지 않고 배운 것을 실제 생활과 일에 적용하여 실질적인 변화를 만들어 낸다. 새로운 지식을 얻으면 그것을 바로 실천에 옮기며 자신의 능력을 극대화하기 위해 끊임없이 노력한다. 다양한 도구와 자원을 활용하여 자신을 강화하고 더 나은 결과를 얻기 위해 필요한 모든 수단을 강구한다.

우리도 이들과 함께 성장하고 경쟁에서 뒤처지지 않기 위해 끊임없이 노력해야 한다. 매일 새로운 것을 배우고 새로운 도전을 받아들이며 자신의 한계를 넘어서기 위해 노력해야 한다. 우리가 잠시 멈추는 그 순간에도 상대는 계속해서 앞서 나가고 있다는 사실을 기억해야 한다. 그들이 책장을 넘기고 있는 동안, 우리도 우리의 책장을 넘기며 새로운 지식과 경험을 쌓아야 한다.

이렇게 함으로써 우리는 경쟁에서 뒤처지지 않을 뿐만 아니라 우리의 목표를 향해 한 걸음 더 나아갈 수 있을 것이다. 오늘보다 내일 더 현명해지며 결국에는 우리의 꿈을 이루기 위한 여정을 완성할 수 있을 것이다. 끊임없는 노력과 학습을 통해 자신을 성장시키고 더 큰 성과를 이루어 나갈 수 있다. 우리의 노력은 결국 우리의 꿈을 실현하는 열쇠가 될 것이다.

따라서 지금 이 순간에도 우리는 멈추지 말아야 한다. 상대가 책장을 넘기고 있다면, 우리도 같은 열정으로 책장을 넘기며 앞으로 나아가야 한다. 우리의 노력과 열정이 결국 우리의 꿈을 이루게 할 것이며 우리의 목표를 향해 나아가는 여정에서 중요한 역할을 할 것이다. 그러므로 우리는 항상 배움의 자세를 유지하며 끊임없이 성장하고 발전해야 한다. 그것이 우리의 목표를 이루는 길이며 우리의 잠재력을 최대한으로 발휘하는 방법이다.

6

얼마나 치열하게 살아왔는지 결과로 보여라

> **"당신이 한 일로 자신을 증명하라. 말로 자신을 설명하지 말라."**
> – 조지 허버트

현대 사회에서는 사람의 현재 모습을 통해 그 사람이 어떻게 살아왔는지를 판단하는 것이 가장 빠르고 쉬운 방법이다. 그렇기 때문에 우리는 이렇게 판단할 수밖에 없다. 하지만 판단 방식에 대해 불평등하다고 느끼는 사람들도 있다. 그들은 왜 외적인 모습으로 판단하느냐고 반문하며 자신의 내면을 봐 주기를 요구한다.

하지만 현실적으로 다른 사람의 내면을 온전히 이해하는 것은 어렵다. 겉으로 보이는 모습이 패배자라면 그 사람이 아무리 내면적으로 열심히 살아왔다고 주장하더라도 이를 증명할 객관적인 증거가 부족하다. 따라서 내면의 모습은 그렇게밖에 표현할 수 없으며 우리는 외적인 모습으로 판단할 수밖에 없다.

물론 이에 대한 반론도 있을 수 있다. '나는 열심히 살았는데, 여러 가지 이유로 성공하지 못했다'고 주장할 수 있겠지만, 당신의 사정을 이해하기란 쉽지 않다. 다른 사람의 인생을 직접 보지 않는 한, 그가 겪은 고난과 노력을 온전히 공감할 수 없다. 백 번 말로 설명해도 그 사람의 삶을 옆에서 지켜보지 않았기 때문에 공감해 줄 수 없는 것이다.

당신의 인생을 돌아보면 정말 최선을 다했다고 말할 수 있을 것이다. 하지만 냉정하게 생각해 보라. 만약 당신의 인생을 비디오로 만들어서 다른 사람들에게 보여 준다면 몇 명이나 끝까지 볼까? 웃기게도 당신 또한 다른 사람의 인생을 비디오로 만들어서 보라고 하면 별 흥미를 느끼지 못할 것이다.

당신에게는 인생의 매 순간이 소중하고 의미 있을지라도 다른 사람들에게는 그저 평범한 이야기로 보일 수 있다. 하지만 당신이 수많은 고난을 이겨 내고 노력을 통해 성공을 쟁취했다고 가정해 보자. 이제 그 여정을 담은 비디오를 만들어 사람들에게 보여 준다면 수많은 사람들이 당신을 롤 모델로 삼을 것이다. 당신의 비디오는 단순한 성공 스토리가 아닌, 고난과 역경을 극복해 낸 감동적인 이야기로 가득할 것이다.

억울하다면 노력을 통해 성공을 보이는 수밖에 없다

지금의 내 말을 인정할 수 없다면 성공해서 그 결과를 보여 주면 되는 것이다. 이를 보여 주지 못한다면 당신의 주장은 말뿐인 것이고 입만 나불대고 있는 것에 불과하다.

한번 면접을 본다고 상상해 보자. 면접관 앞에서 내가 누구보다 치열하게 살았다는 것을 그 짧은 시간에 다 설명할 수 있을까? 현실적으로 이는 매우 어렵다. 면접은 제한된 시간 안에 자신의 능력과 성과를 압축적으로 보여 줘야 하는 자리이다. 따라서 내가 얼마나 노력했는지를 구체적으로 설명하기보다는 그 노력의 결과로 나타난 성과를 중심으로 이야기하게 된다. 이것은 면접관이 객관적으로 판단할 수 있는 기준을 제공하기 위함이다.

내가 다른 사람을 평가할 때도 마찬가지다. 그 사람이 어떻게 최선을 다해 살아왔는지 어떤 어려움을 극복했는지를 이해하려면 정말 많은 시간이 필요하다. 하지만 현실에서는 그 사람의 외적인 모습이나 사회적 지위, 재력 등에 더 관심을 가질 수밖에 없다. 짧은 시간 안에 그 사람에 대해서 파악하기란 매우 어렵기 때문이기도 하지만, 그가 현재 어떤 위치에 있는지가 살아온 삶을 간접적으로나마 보여 주는 척도가 되기 때문이다.

사람들은 본능적으로 눈에 보이는 것을 먼저 판단하게 된다. 단순한 편견이 아니라, 제한된 정보와 시간을 고려한 현실적인 선택이다. 우리가 다른 사람을 평가할 때 그 사람의 외적인 모습, 태도, 말투, 자신감을 보고 그 사람의 성향과 능력을 추측하게 된다. 이는 사회적 지위나 재력에도 해당된다. 사회적으로 성공한 사람은 그만큼의 노력을 했거나 능력을 인정받은 결과로 해석될 수 있기 때문이다.

물론, 이런 평가 방식이 공정하지 않을 수 있다. 그러나 우리가 살고 있는 세상은 이상적이지 않다. 누구나 자신의 내면과 노력을 온전히 이해받기를 원하지만 현실에서는 그보다는 결과가 더 중요하게 여겨진다. 그렇기 때문에 외적인 모습과 성과가 중시되는 것이다. 비단 면접뿐만 아니라 사회 전반에서도 마찬가지다.

또한, 다른 사람의 내면을 평가하는 것은 매우 주관적일 수 있다. 내가 열심히 살았다고 생각해도 다른 사람에게는 그것이 충분히 전달되지 않을 수 있다. 반대로, 다른 사람이 아무리 열심히 살았다고 해도 그 사람의 현재 모습만 보고는 그 노력을 이해하기 어렵다. 이로 인해 발생하는 오해와 불평등은 피할 수 없다.

결국, 우리는 외적인 모습과 성과를 통해 사람을 평가할 수밖에 없다. 공정하지 않을 수 있지만 현실적인 한계 안에서 최선의 선택이다. 자신을 평가받고자 할 때, 내면의 노력뿐만 아니라 그 결과를 눈에 보이게 만드는 것이 중요하다. 이렇게 해야만 다른 사람들이 나의 진정한 가치를 이해하고 인정할 수 있을 것이다.

내면의 모습은 중요하지만 그것을 객관적으로 평가하고 인정받기 위해서는 외적인 성과와 결과가 필요하다. 이것이 현재의 현실이며 우리가 살아가는 세상의 냉정한 이치이다. 내면의 노력을 인정받고 싶다면 그 노력을 통해 성과를 이루고 그것을 통해 자신의 가치를 증명해야 한다.

Chapter 7

마지막까지 방심하지 마라

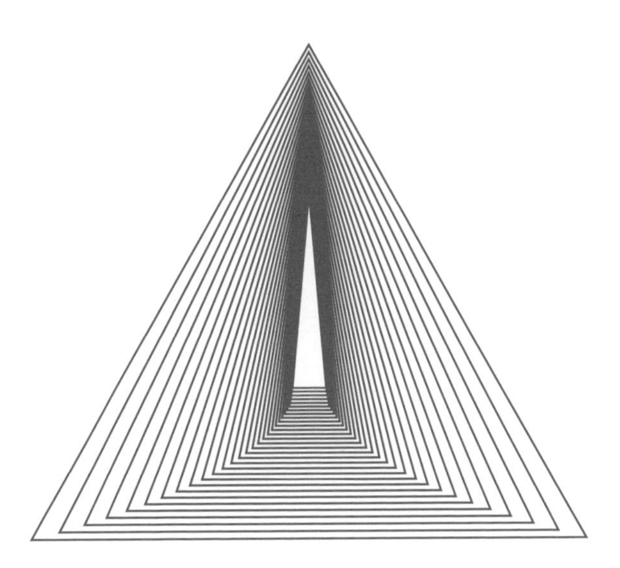

A m b i t i o n

A m b i t i o n

엠비션은 끝까지 긴장을 늦추지 않는 태도에서 비롯된다. 목표를 향한 길에서 방심은 최대의 적이다. 진정한 야망을 가진 자는 마지막 순간까지 집중하고, 그 집중력이 성공을 이끈다. 포부를 이루기 위해서는 끝까지 최선을 다해야 한다.

1

▼
▼
▼

당신의 롤 모델을 찾아라

"훌륭한 롤 모델은 자신의 성공을 통해 다른 이들에게 길을 제시한다."
– 존 맥스웰

나는 워런 버핏을 가장 존경한다. 그의 성공에 감탄하는 것이 아니라 그의 현명한 통찰력과 지혜를 사모했고 지금까지도 나에게 많은 영향을 끼치고 있다. 그러나 내 주위 사람들은 버핏을 그저 운 좋게 주식 투자로 갑부가 된 사람으로 생각하는 경우가 많다. 이는 버핏의 진정한 성공 비결과 그의 깊이 있는 통찰력을 제대로 이해하지 못하는 관점에서 비롯된 것이다.

워런 버핏은 자신의 성공에 대해 거창한 비결이 없다고 말한다. 만약 비결이라고 할 만한 것이 있다면 그것은 단지 사업에 성공한 사람들의 이야기에 푹 빠져 사는 정도라고 한다. 그는 성공한 사람들의 인생을 보면서 미래에 성공한 자신의 모습을 상상했다. 이 상상은 그가 몰랐던 내면의 힘을 발견하게 해 주었고 쉴 새 없이 성공을 향해 달려가는 원동력이 되었다고 한다.

버핏은 어린 시절부터 독서에 열중했다. 특히 전기와 성공한 사람들의 이야기에 큰 관심을 가졌다. 그는 수많은 유명한 기업가, 투자자, 혁신가들의 일대기를 탐독하면서 그들이 어떤 어려움을 겪었고 어떻게 극복했는지 어떤 전략과 원칙을 가지고 있었는지를 자세히 살펴보았다. 그리고 독서는 단순히 지식을 쌓는 것을 넘어서 그가 미래에 성공한 자신의 모습을 그리는 데 큰 도움이 되었다. 그는 책 속의 인물들을 롤 모델로 삼아 그들의 발자취를 따라가며 자신만의 길을 개척해 나갔다.

성공한 사람들의 이야기는 버핏에게 단순한 흥미 이상의 의미를 지녔다. 그 이야기들은 그의 상상력을 자극했고 그의 내면 깊숙이 잠재된 가능성을 일깨워 주었다. 그는 자신도 이야기 속의 주인공들처럼 어려움을 극복하고 큰 성취를 이룰 수 있다는 믿음을 갖게 되었다. 이 믿음은 그가 도전과 역경을 마주할 때마다 힘을 주었고 결코 포기하지 않게 하는 원동력이 되었다.

버핏은 또한 성공한 사람들의 이야기를 통해 끊임없는 자기 계발의 중요성을 깨달았다. 그는 평생 학습을 추구하며 새로운 지식을 습득하고 자신의 능력을 지속적으로 향상하는 데 집중했다. 이것은 그가 변화하는 시장 환경 속에서도 꾸준히 성공할 수 있었던 이유 중 하나였다. 그는 독서를 통해 얻은 지혜와 통찰을 바탕으로 자신만의 투자 전략을 발전시켰고 이를 통해 꾸준한 성과를 올릴 수 있었다.

성공한 사람들의 이야기를 통해 버핏은 리더십의 중요성도 배웠다. 그는 뛰어난 리더들은 자신만의 비전과 목표를 가지고 있으며 이를 실현하기 위해 팀을 이끌고 동기를 부여하는 능력을 가지고 있다는 것을 깨달았다. 버핏은 리더십 원칙을 자신의 사업에 적용하여 버크셔 해서웨이를 성공적으로 이끌어 나갔다. 그는 직원들에게 동기를 부여하고 그들이 최선을 다할 수 있는 환경을 제공함으로써 회사의 장기적인 성공을 도모했다.

그리고 중요한 것은 멘토의 중요성이다. 그는 어릴 적부터 벤저민 그레이엄을 비롯한 많은 멘토로부터 많은 것을 배웠다. 멘토들은 그에게 귀중한 조언과 지침을 제공했으며 그의 투자 철학과 전략을 형성하는 데 중요한 역할을 했다. 멘토와의 관계는 버핏이 어려운 상황에서 올바른 결정을 내리고 장기적인 성공을 추구하는 데 큰 도움이 되었다.

버핏의 성공 비결은 단순히 다른 사람들의 이야기에 몰입하는 것에 그치지 않고 그 이야기들을 통해 얻은 지혜와 통찰을 바탕으로 자신의 삶과 사업에 적용하는 데 있다. 그는 끊임없이 배우고 성장하며 자신의 목표를 향해 나아갔다. 이는 우리 모두에게 중요한 교훈을 준다. 성공을 원한다면 먼저 성공한 사람들의 이야기를 통해 배우고 그들의 경험을 바탕으로 자신의 길을 개척해 나가야 한다는 것이다.

워런 버핏의 성공은 단순한 행운이나 재능에 의존한 것이 아니다. 그는 성공한 사람들의 이야기에 몰입하며 그들의 경험과 지혜를 통해 자신의 길을 찾았다. 그 이야기는 그에게 영감을 주고 내면의 힘을 발견하게 했으며 끊임없이 노력하고 성장하는 동기를 부여했다. 그의 성공 비결은 바로 지속적인 학습과 실천 그리고 긍정적인 사고방식에 있다. 이는 우리 모두에게 중요한 교훈을 준다. 성공을 원한다면 먼저 성공한 사람들의 이야기를 통해 배우고 그들의 경험을 바탕으로 자신의 길을 개척해 나가야 한다는 것이다.

2

▼
▼
▼

운이 좋아 성공했다?
다 거짓말이다

"운은 변명에 지나지 않는다. 성공은 노력의 결과다."
– 헨리 포드

대부분의 사람들은 운을 기대하며 적은 노력으로 큰 성과를 얻고자 하지만 헛된 바람은 현실과 거리가 멀다. 진정한 성과와 성공은 꾸준한 노력과 성실한 노동의 결과로 얻어진다. 역사를 돌아보면 운만이 따라 주기를 희망하는 자는 세상에 자신의 이름을 남긴 적이 없으며 앞으로도 그럴 것이다.

운을 쫓는 자가 어떤 일에서 성공하지 못하는 것은 마땅한 결과다. 그들은 노력하지 않기 때문에 성취할 수 없으며 이는 자연스러운 법칙이다. 성공은 노력과 끈기의 산물인데 게으른 자가 결코 이해할 수 없는 부분이다. 그들은 자신이 원하는 것을 얻기 위해 필요한 노력을 기울이지 않으며 결과적으로 실패할 수밖에 없다.

운을 쫓는 자는 단순히 성공하지 못하는 것을 넘어 사회에서 짐이 되고 방해물이 된다. 그들은 자신의 게으름으로 인해 주변 사람들에게도 부정적인 영향을 미친다. 게으른 자는 종종 다른 사람들의 노력을 가로채거나 공동의 목표 달성을 저해하는 존재가 된다. 그들은 팀의 성과를 저해하며 다른 사람들의 동기부여를 떨어뜨린다. 이러한 존재는 조직이나 사회에 해로운 영향을 미치며 발전을 저해한다.

짜증스럽게도 그들은 언제나 쓸모없고 불평하며 우울하고 불행하다. 그들은 자신의 게으름으로 인해 잠재력을 발휘하지 못하고 이를 다른 사람이나 운이 따라 주지 않은 것으로 돌린다. 끊임없는 불평과 불만은 그들의 삶을 더욱 부정적으로 만들며 주변 사람들에게도 부정적인 영향을 끼친다. 하지만 죽을 때까지도 자신에게 해악을 끼친다는 사실을 모른다. 그들은 자신의 불행을 스스로 초래하며 이를 해결하기 위한 어떤 노력도 기울이지 않는다. 그리고 변화하지 않는 태도는 그들을 더욱 불행하게 만들며 삶의 질을 떨어뜨린다.

더욱 기가 막힌 것은, 위에도 말했듯 자신의 게으름을 정당화하기 위해 수많은 변명을 한다는 것이다. 그러나 어떠한 변명도 그들의 실패를 막을 수 없으며 오히려 그들의 성장을 방해할 뿐이다. 그들은 자신의 게으름이 모든 문제의 근본 원인임을 깨닫지 못하고 이를 인정하려 하지 않는다.

결국, 운에 기대어 사는 자는 자신의 삶을 스스로 망치고 주변 사람들에게도 부정적인 영향을 미친다. 그들은 자신의 게으름을 극복하지 못하고 헛된 것을 희망하며 이를 통해 얻을 수 있는 성취와 행복을 놓치게 된다. 단지, 행운이라는 것에 기대어 자기 자신을 속이는 사람들은 발전시키기 위한 노력 없이 단지 남의 성과에 기대어 살려 하지만 결코 성공할 수 없는 삶의 방식이다.

따라서 우리는 운이라는 것을 경계하고 끊임없는 노력과 성실한 태도로 삶을 살아야 한다. 성공은 노력의 결과이며 누구에게나 공평하게 주어진 법칙이다. 우리는 자신의 잠재력을 최대한 발휘하고 이를 통해 진정한 성취와 행복을 얻어야 한다. 헛된 희망을 피하고 노력하는 자세를 가질 때 비로소 우리는 의미 있는 삶을 살 수 있으며 진정한 성공을 이룰 수 있을 것이다.

3

▼
▼
▼

성공은 훌륭한 다이어트와 같다

"할 수 없다고 생각하면 절대로 할 수 없다.
결국, 그런 생각으로는 어떤 일도 불가능하다."
– 데카르트

성공은 훌륭한 다이어트와 같다. 다이어트가 효과를 보려면 장기간의 꾸준한 실천이 필요하듯이 성공도 오랜 시간 동안의 끊임없는 노력이 필요하다. 단기간의 열정과 노력으로는 큰 변화를 이루기 어렵다. 다이어트에서 하루 이틀 식단을 조절하고 운동하는 것으로는 원하는 몸매를 만들 수 없듯이 인생에서도 단기간의 노력만으로는 진정한 성공을 이룰 수 없다.

다이어트를 시작할 때 많은 사람들이 처음 며칠이나 첫 몇 주 동안은 열정적으로 임하지만 시간이 지나면서 점차 의욕을 잃고 포기하는 경우가 많다. 초기에 체중 감소가 더디거나 눈에 띄는 변화가 없을 때 특히 그렇다. 그러나 고통스러운 시기에 포기하지 않고 지속적으로 노력하는 것이 중요하다. 다이어트에서 중간에 포기하면 체중은 금세 원래 상태로 돌아가게 된다. 심지어 더 나빠질 수도 있다. 이는 우리의 몸이 변화를 인식하고 그 변화에 적응하는 데 시간이 필요하기 때문이다. 결국, 다이어트의 성패는 얼마나 오랫동안 일관된 노력을 유지하느냐에 달려 있다.

장기간 고수해야만 효과가 나타나는 다이어트처럼 지속적인 노력이 결합되어야 비로소 목표를 달성할 수 있다. 다이어트 과정에서 중간에 포기하면 원래의 몸 상태로 돌아가고 마는 것처럼 꿈을 향한 여정도 중간에 포기하면 모든 노력이 물거품이 되고 만다. 따라서 목표를 향해 꾸준히 나아가는 것이 얼마나 중요한지 깨달아야 한다.

이 과정에서 일관성과 유연성은 꿈을 현실로 만드는 가장 중요한 요소다. 아무리 훌륭한 꿈을 가지고 있어도 그것을 이루기 위한 구체적인 계획과 그 계획을 실천하기 위한 노력이 없으면 그 꿈은 그저 꿈으로 남게 된다. 성공한 사람들은 하나같이 꾸준한 일관성과 유연성을 강조한다. 그들은 목표를 향해 끊임없이 나아가며 중간에 포기하지 않고 끝까지 도전한다.

하루하루의 작은 변화들이 모여 다이어트가 큰 변화를 이루듯이 인생에서도 작은 노력들이 모여 큰 성취를 이룬다. 결국 작은 노력들이 큰 변화를 만들어 내며 우리는 그 과정에서 성장하고 발전한다.

꿈이 아무리 훌륭해도 일관성과 참을성이 없으면 아무 소용없다

성공은 단기적인 열정으로 이루어지지 않는다. 그것은 꾸준한 일관성과 참을성을 요구하며 장기간의 헌신과 끈기가 필요한 여정이다. 따라서 목표를 향해 끊임없이 노력하고 일관성을 가지고 끝까지 도전하는 자세를 유지해야 한다. 그러한 태도가 결국 당신을 성공으로 이끌 것이며 꿈을 현실로 만드는 원동력이 될 것이다.

겪고 싶지 않겠지만 노력, 고통, 어려움은 필연적으로 따르기 마련이다. 하지만 이것들은 이 세상에서 진정으로 가치 있는 일이다. 고통스러운 경험들은 우리의 삶을 깊이 있게 만들고 우리를 성장하게 하며 더 강한 사람으로 만들어 준다. 인생에서 가장 의미 있는 성취는 단순히 편안한 길을 따라가는 것이 아니라 역경을 극복하면서 이루어지는 것이다.

어려움은 우리가 원하는 목표를 달성하기 위한 필수적인 요소다. 어떤 꿈이나 목표도 어려움 없이는 이룰 수 없다. 어려움은 우리의 잠재력을 발휘하게 만들고 우리를 끊임없이 도전하게 만든다. 이를 통해 우리는 자신의 한계를 극복하고 더 높은 목표를 향해 나아갈 수 있다. 끊임없는 어려움은 결국 우리의 삶에 큰 변화를 가져오며 진정한 성취감을 느끼게 한다.

어려움은 우리를 시험하고 우리가 얼마나 강한지를 깨닫게 한다. 어려운 상황에서 우리는 자신의 내면을 들여다보고 진정한 자신을 발견하게 된다. 그리고 어려움을 경험하게 되면 뒤따르는 고통은 우리가 성장하는 데 필요한 중요한 요소다. 어려운 상황에 직면할 때마다 우리는 문제를 해결하기 위해 새로운 방법을 찾고 창의력을 발휘하며 끈기를 기르게 된다. 어려움을 극복하면서 우리는 더욱 강한 의지와 결단력을 갖게 되며 우리가 앞으로 나아가는 데 큰 도움이 된다. 고통은 우리에게 교훈을 주고 더 나은 사람이 되도록 만든다.

노력, 고통, 어려움은 우리가 진정으로 가치 있는 일을 이루기 위해 반드시 겪어야 하는 과정이다. 쉽게 얻어지는 성취는 그만큼의 가치를 가지지 않는다. 우리는 도전을 통해 성장하고 그 과정을 통해 얻는 경험과 교훈이 우리의 삶을 풍요롭게 만든다. 어려운 과정을 통해 얻은 성취는 더 큰 의미를 가지며 우리에게 깊은 만족감을 준다.

또한 우리를 성숙하게 하고 어른으로 만들며 그러한 경험을 통해 다른 사람들과의 공감과 연대감을 느끼게 된다. 고통을 겪어 본 사람만이 다른 이의 고통을 이해할 수 있으며 어려움을 극복한 사람만이 다른 이에게 희망과 용기를 줄 수 있고 우리가 더 나은 사회를 만드는 데 기여하게 한다.

우리는 경험을 통해 성장하고 더 강인한 사람이 되며 진정한 성취를 이룰 수 있다. 그러므로 인생에서 마주하는 모든 어려움을 두려워하지 말고 그것을 통해 얻을 수 있는 가치와 교훈을 받아들일 때 우리를 더 나은 사람으로 만들고 진정한 의미와 가치를 가진 삶을 살아가게 할 것이다.

4

▼
▼
▼

시간 관리를 잘하는 사람이 세상 가운데서 성공한다

"우리가 낭비한 시간은 우리가 가졌던 가장 큰 자산이다."
– 앤드류 카네기

성공에 있어서 시간 관리를 빼놓고 말할 수 없다. 시간 관리를 잘하는 사람이 성공한다는 말은 그 자체로 매우 중요한 진리를 담고 있다. 시간은 누구에게나 공평하게 주어진 자원이다. 하루 24시간은 부자나 가난한 사람, 성공한 사람이나 그렇지 않은 사람 모두에게 동일하게 주어진다. 그러나 이 시간을 어떻게 관리하고 활용하느냐에 따라 그 결과는 크게 달라진다. 시간 관리는 단순히 일정을 효율적으로 계획하는 것을 넘어서 삶의 모든 측면에서의 우선순위를 설정하고 가장 중요한 일에 집중하는 능력을 의미한다. 성공한 사람들은 시간의 가치를 알고 이를 최대한 활용하는 데 있어서 타의 추종을 불허하는 사람들이다.

우선, 시간 관리는 목표 설정과 긴밀하게 연결되어 있다. 명확한 목표가 없는 시간 관리는 무의미하다. 성공한 사람들은 단기적, 중장기적 목표를 설정하고 이를 달성하기 위해 체계적으로 시간을 배분한다. 목표가 명확할수록 그 목표를 달성하기 위한 구체적인 계획을 세우기가 쉬워진다. 이는 목표를 향해 나아가는 과정에서 불필요한 일에 시간을 낭비하지 않도록 도와준다. 목표 설정은 성공의 첫걸음이다. 목표를 명확히 하고 그 목표를 달성하기 위한 전략을 세우는 과정에서 시간 관리가 중요한 역할을 한다.

성공한 사람들은 자신의 에너지를 효율적으로 관리한다. 하루 중 가장 생산적인 시간을 파악하고 그 시간에 가장 중요한 일들을 배치한다. 이것은 단순히 시간을 관리하는 것이 아니라 자신의 에너지 수준을 고려하여 최적의 성과를 내기 위한 전략적 접근이다. 예를 들어, 어떤 사람들은 아침에 가장 집중력이 높고 생산적일 수 있으므로 중요한 회의나 창의적인 작업을 이 시간에 배치한다. 반면, 오후에는 에너지가 떨어질 수 있으므로 상대적으로 단순한 업무를 처리하는 데 이 시간을 활용할 수 있다. 에너지 관리는 시간 관리의 중요한 부분이며 이를 통해 하루의 생산성을 극대화할 수 있다.

또한 시간 관리는 자기 절제와도 관련이 깊다. 성공한 사람들은 즉각적인 만족을 추구하는 대신, 장기적인 목표를 위해 현재의 유혹을 참아 내는 능력을 가지고 있다. 이는 불필요한 시간 낭비를 줄이고 중요한 일에 집중할 수 있도록 도와준다. 예를 들어, SNS나 TV 시청 같은 즉각적인 즐거움을 줄일 수 있다면 그 시간에 독서나 자기 계발, 업무에 집중할 수 있다. 자기 절제는 시간 관리를 효과적으로 할 수 있게 도와주며 장기적인 성공을 위한 필수 요소이다.

우선순위 설정은 효과적인 시간 관리의 핵심이다. 모든 일이 중요할 수는 없으므로 중요한 일과 덜 중요한 일을 구분하는 능력은 매우 중요하다. 성공한 사람들은 종종 '파레토 법칙'을 적용한다. 이것은 80%의 결과가 20%의 노력에서 나온다는 원칙이다. 즉, 가장 큰 성과를 내는 중요한 일에 집중하고 나머지 덜 중요한 일들은 최소한의 시간과 노력을 들이는 방식이다. 이를 통해 효율적으로 목표를 달성할 수 있다. 우선순위를 설정하는 능력은 시간을 효과적으로 관리하는 데 중요한 요소이며 이를 통해 더 큰 성과를 낼 수 있다.

또한, 성공한 사람들은 멀티태스킹의 유혹을 피한다. 연구에 따르면 멀티태스킹은 오히려 생산성을 떨어뜨린다. 한 번에 여러 가지 일을 처리하려고 하면 집중력이 분산되고 각각의 업무에 걸리는 시간이 더 길어진다. 대신, 한 가지 일에 집중하여 완성한 후 다음 일로 넘어가는 '싱글태스킹'이 훨씬 더 효율적인데 깊이 있는 사고와 높은 퀄리티의 결과물을 도출하는 데 큰 도움이 된다. 싱글태스킹은 시간 관리를 효율적으로 하고 일을 더 잘 해낼 수 있게 도와준다.

성공한 사람들은 또한 계획을 세우는 데 많은 시간을 투자한다. 하루의 시작이나 주의 시작에 시간을 들여 그날 혹은 그 주에 해야 할 일들을 미리 계획한다. 이를 통해 하루하루의 작은 목표들이 장기적인 목표와 어떻게 연결되는지를 명확히 할 수 있다. 계획을 세우는 과정에서 잠재적인 장애물과 이를 극복할 방법도 미리 생각해 볼 수 있어 실제로 일을 진행할 때 더 효율적으로 일할 수 있다. 계획을 세우는 것은 효율적으로 시간을 관리할 수 있는 중요한 방법이며 이를 통해 더 큰 성과를 낼 수 있다.

성공한 사람들은 '시간 블로킹' 기법을 활용한다

이는 특정 시간대에 특정 업무를 집중적으로 하는 방식이다. 예를 들어, 오전 9시부터 11시까지는 이메일 확인 및 회신 시간, 오후 1시부터 3시까지는 중요한 프로젝트 작업 시간으로 정하는 식이다. 이렇게 하면 하루를 구조화하고 각 업무에 필요한 충분한 시간을 확보할 수 있다. 시간 블로킹은 시간을 효과적으로 관리하는 중요한 방법이며 이를 통해 더 많은 일을 해낼 수 있다.

성공한 사람들은 또한 일과 휴식의 균형을 중요시한다. 지속적인 고강도 업무는 오히려 생산성을 저하시키고 번아웃을 초래할 수 있다. 따라서 일정 시간 동안 집중적으로 일한 후에는 반드시 휴식 시간을 갖는다. 이를 통해 정신적, 신체적 에너지를 재충전하고, 더 오랜 기간 동안 높은 생산성을 유지할 수 있다. 일과 휴식의 균형을 유지하는 것은 시간 관리를 효과적으로 하는 중요한 방법이며 이를 통해 더 큰 성과를 낼 수 있다.

결론짓자면, 시간 관리는 성공의 중요한 요소다. 성공한 사람들은 시간의 가치를 알고 이를 최대한 활용하는 방법을 터득했다. 명확한 목표 설정, 우선순위의 구분, 에너지와 자기 절제의 관리, 싱글태스킹, 계획 세우기, 시간 블로킹, 일과 휴식의 균형 등 다양한 전략을 통해 그들은 주어진 시간을 효과적으로 활용하고 있다. 그리고 시간 관리의 원칙들을 실천함으로써 누구나 더 나은 성과를 이루고 성공적인 삶을 살 수 있을 것이다. 시간 관리는 단순한 일정 관리가 아니라 삶의 모든 측면에서의 효율성을 극대화하는 과정이다. 이를 통해 더 큰 성취와 만족을 얻을 수 있을 것이다.

5

▼
▼
▼

당신은 이미 만족한다고?

"현재의 자신의 성공에 만족한다면,
그 만족감이 언젠가는 실망감과 불만으로 다가올 것이다."
– 올포트

이 명언은 현재의 성공에 안주하지 않고 끊임없이 발전하고 성장해야 한다는 중요한 교훈을 준다. 만일 이 글을 읽고 있는 당신도 나름 성공을 거두었다고 자부한다면 정신 차리기 바란다. 현재의 생활과 일에 안주하고 현재의 성과에 만족하며 그 자리에 머무르면 아무런 목적 없이 헛되이 여생을 보내게 된다. 이는 끊임없이 도전하고 새로운 목표를 설정하며 자신을 발전시키는 것이 얼마나 중요한지를 상기시킨다.

먼저, 현재의 성공에 만족하는 것은 일시적으로 안락함과 안정감을 줄 수 있다. 지금까지의 성취와 노력을 인정받고 그 결과로 얻은 성공을 즐기게 되며 자존감과 자신감을 높여 줄 수 있다. 그러나 만족감이 지속되면 점차 안주하게 되고 더 이상 새로운 도전을 추구하지 않게 된다. 또한, 정체를 불러오고 성장과 발전을 저해할 수 있다.

현재의 성공이 충분하다고 느끼는 것은 잠재력을 최대한 발휘하지 못하게 만든다. 더 이상 새로운 목표를 설정하지 않고 더 큰 성취를 이루기 위한 노력을 기울이지 않게 된다. 그리고 삶을 단조롭고 지루하게 만들 수 있다. 자신의 한계에 도전하고 새로운 가능성을 탐구하는 과정을 통해 성장할 수 있다. 그러나 현재의 성공에 안주하면 수많은 기회를 놓치게 된다.

또한, 성공에 도취되면 실망감과 불만을 가져올 수 있다. 시간이 지남에 따라 현재의 성과에 익숙해지고 그것이 더 이상 큰 의미를 가지지 않게 된다. 이는 삶에 대한 만족감을 저하시킬 수 있으며 더 큰 목표와 성취를 추구하지 않는 한 점차 실망감과 불만을 느끼게 될 것이다. 현재의 성과에 만족하는 것은 일시적인 행복을 줄 수 있지만 장기적으로는 삶을 공허하게 만들 수 있다.

현재의 생활과 일에 안주하는 것도 마찬가지다. 현재의 생활이 편안하고 안정적이면 더 이상 변화를 추구하지 않게 되는데 이는 삶을 정체시키고 더 나은 삶을 추구할 기회를 놓치게 만든다. 끊임없이 자신의 생활을 개선하고 더 나은 삶을 살기 위해 노력해야 한다. 이는 삶을 더욱 풍요롭고 만족스럽게 만드는 중요한 요소다.

현재의 안녕에 만족하는 것도 성장을 저해할 수 있다. 자신의 생각과 신념에 대해 더 이상 의문을 제기하지 않고 새로운 아이디어와 관점을 받아들이지 않게 되며 사고를 정체시키고 지식을 확장하는 것을 방해할 수 있다. 끊임없이 자신의 생각과 신념을 검토하고 새로운 아이디어와 관점을 받아들여야 한다. 이는 지식과 이해를 확장하고 사고를 더욱 깊고 풍요롭게 만드는 중요한 요소다.

현재의 성과에 머무르는 것은 삶을 단조롭고 지루하게 만들 수 있다. 더 이상 새로운 목표를 설정하지 않고 더 큰 성취를 이루기 위한 노력을 기울이지 않게 되며 삶을 정체시키고 더 나은 삶을 살 수 있는 기회를 놓치게 만든다. 끊임없이 목표를 설정하고, 이를 달성하기 위해 노력해야 한다.

그리고 지금의 성공에 도취되는 것은 앞으로의 창의성과 혁신을 제한할 수 있다. 더 이상 새로운 아이디어를 탐구하거나, 창의적인 해결책을 찾지 않게 된다. 이것은 개인적, 직업적 성장을 제한할 수 있다. 창의성과 혁신은 삶에 활력을 불어넣고 새로운 기회를 창출하는 중요한 요소다. 끊임없이 새로운 아이디어를 탐구하고 창의적인 해결책을 찾기 위해 노력해야 한다.

매듭짓자면, 현재의 성공에 만족하지 않고 끊임없이 발전하고 성장해야 한다는 중요한 교훈을 준다. 현재의 생활과 일에 안주하지 않고 현재의 생각과 안녕에 만족하지 않으며 현재의 성과에 머무르지 말아야 한다. 끊임없이 새로운 목표를 설정하고 이를 달성하기 위해 노력해야 한다. 이는 삶을 더욱 풍요롭고 만족스럽게 만드는 중요한 방법이다.

6

▼
▼
▼

메멘토 모리, 죽음을 명확히 인지하라

"죽음을 기억하라. 이 말은 오늘을 충실히 살아가라는 뜻이다."
— 세네카

'메멘토 모리'란 라틴어로 "죽음을 기억하라."라는 뜻이다. 이 표현은 로마 공화정 시절 개선식에서 유래되었다는 야사가 있다. 전쟁에서 승리한 장군은 백마가 이끄는 전차를 타고 로마 시내를 행진하는데, 이때 장군 옆에는 천한 노예가 타고 있었다. 노예는 개선식 동안 끊임없이 '메멘토 모리'라는 말을 속삭였다고 한다.

살아가면서 우리는 지금 당장 죽을 것처럼 이 순간을 살아가야 한다. 왜냐하면 죽음을 인식할 때 비로소 삶을 제대로 인식할 수 있기 때문이다. 죽음을 인식하는 것은 단순히 삶의 끝을 생각하는 것이 아니라 우리의 유한한 시간을 소중히 여기고 현재의 순간을 진정으로 살아가는 데 필수적인 요소인데 우리가 일상에서 당연하게 여기는 많은 것들에 대해 다시 한번 생각하게 하며 진정한 가치와 의미를 찾도록 도와준다.

죽음을 인식하는 것은 삶의 유한성을 깨닫는 것이다. 우리는 영원히 살 수 없으며 우리의 시간은 제한되어 있다. 사실을 받아들이는 것은 때때로 두렵고 불편할 수 있지만 삶의 소중함을 일깨우는 중요한 계기가 된다. 유한한 시간을 인식할 때 우리는 매 순간을 더 깊이 있게 경험하고 진정으로 중요한 것들에 집중할 수 있게 된다. 삶은 무한한 시간이 주어질 때와는 다르게 제한된 시간 속에서 더 빛나고 소중하게 여겨진다.

죽음을 이해한다면, 우리는 현재에 더 집중하게 된다. 미래에 대한 불확실성이나 과거의 후회에 사로잡히기보다는 지금 이 순간에 온전히 존재하려고 노력하게 된다. 이는 우리가 더 충만하고 의미 있는 삶을 살아가는 데 큰 도움을 준다. 현재의 순간을 살아가는 것은 단순히 시간을 보내는 것이 아니라 매 순간을 최대한으로 활용하고 그 순간의 아름다움과 가치를 인식하는 것이다. 지금 이 순간에 최선을 다하는 삶은 삶의 질을 높이고 우리에게 더 큰 만족감을 준다.

또한 우리의 우선순위를 재정립하게 한다. 무엇이 진정으로 중요한지 어떤 가치와 목표가 우리 삶에 의미를 부여하는지를 다시 한번 생각하게 된다. 일상에서 사소한 문제나 스트레스에 휘둘리기보다는 더 큰 그림을 보고 우리의 인생에서 진정으로 중요한 것들에 집중하게 되며 인간관계, 꿈, 열정, 그리고 개인적인 성장 등 삶의 중요한 측면에 더 많은 에너지를 쏟게 한다. 우리는 더 이상 시간 낭비를 하지 않고 진정으로 소중한 것들에 집중하게 된다.

죽음을 깊이 성찰한다면, 더 용감하게 살아갈 수 있다

두려움에 사로잡히기보다는, 도전과 모험을 두려워하지 않고 자신의 한계를 뛰어넘으려는 용기를 얻어야 한다. 죽음이 언제 올지 모르는 상황에서 우리는 더 많은 것을 시도하고 더 많은 경험을 쌓으려 노력하게 된다. 이는 삶을 더욱 풍요롭고 다채롭게 만들어 준다. 실패나 좌절도 삶의 일부로 받아들이고 이를 통해 성장하는 과정에서 우리는 더 강해지고 지혜로워진다. 용기는 삶의 질을 높이는 데 중요한 요소이며 죽음을 인식함으로써 우리는 그 용기를 더욱 강화할 수 있다.

그렇게 된다면 우리가 가진 것들, 누리고 있는 것들에 대해 더 깊은 감사의 마음을 느끼게 된다. 소중한 사람들과의 시간, 자연의 아름다움, 일상의 작은 기쁨들 모두가 더 값지게 느껴진다. 그리고 우리에게 긍정적인 에너지를 불어넣고 삶을 더 행복하게 만들어 준다. 감사하는 마음은 삶을 더 충만하게 만들고 우리가 가진 것들에 대해 만족감을 느끼게 한다. 삶의 소중한 순간들을 감사함으로써 우리는 더 큰 행복을 느끼게 된다.

죽음에 대한 이해는 삶의 질을 높이는 데 중요한 역할을 한다. 이는 우리가 삶에서 더 큰 의미를 설정하고 이를 향해 끊임없이 나아가도록 동기부여를 준다. 또한, 우리는 삶의 순간순간을 더 깊이 있게 경험하고 진정한 행복을 찾을 수 있게 된다. 죽음을 인식하는 것은 삶의 한계를 받아들이는 것이 아니라 그 한계를 넘어서려는 의지와 열정을 불어넣는 것이다. 죽음을 인식함으로써 우리는 더욱 적극적이고 열정적으로 삶을 살아갈 수 있다.

그리고 죽음을 인지하는 것은 우리에게 더 큰 평화를 가져다준다. 죽음을 두려워하기보다는 그것을 자연스럽게 받아들이고 삶의 일부분으로 인식할 때 우리는 더 큰 내적 평화를 경험할 수 있다. 그리고 우리가 불안과 두려움을 극복하고 더 평온한 마음으로 삶을 살아가게 도와준다. 죽음을 받아들이는 것은 삶을 더 깊이 이해하고 우리의 존재와 의미를 더 명확하게 깨닫게 해 준다.

지금 당장 죽을 것처럼 이 순간을 살아가야 한다는 것은 우리가 매 순간을 소중히 여기고 진정으로 살아가는 데 필요한 자세이다. 죽음을 인식할 때, 우리는 비로소 삶을 제대로 인식할 수 있는데 이는 우리가 더 충만하고 의미 있는 삶을 살아가도록 도와주며 삶의 모든 순간을 최대한으로 누리게 한다. 죽음을 인식하는 것은 두려워할 것이 아니라 오히려 우리 삶을 더 깊이 있게 살아가게 하는 중요한 깨달음이다. 그렇기에 우리가 인생의 진정한 의미와 가치를 깨닫게 하며 매 순간을 진정으로 살아가도록 격려해 준다.

또한, 우리가 사랑을 더 깊이 있게 경험하게 한다. 소중한 사람들과의 시간을 더 소중히 여기고 그들과의 관계를 더 깊이 있게 만들어 간다. 사랑하는 사람들과의 순간들이 유한하다는 것을 깨닫게 되면 우리는 그들과의 시간을 더 깊이 있게 경험하고 더 많은 사랑을 나누게 된다. 이는 우리 삶을 더욱 풍요롭고 행복하게 만들어 준다. 사랑은 삶의 본질이며 죽음을 인식함으로써 우리는 그 본질을 더욱 깊이 이해하게 된다.

죽음을 인식할 때, 우리 자신에게 더 큰 겸손을 가져다준다. 우리의 한계를 인정하고 삶의 모든 순간을 겸손하게 받아들일 때 우리는 더 많은 것을 배우고 성장하게 된다. 겸손은 우리에게 더 큰 통찰력을 가져다주며 다른 사람들과의 관계에서도 더 많은 이해와 공감을 가능하게 한다. 죽음을 인식함으로써 우리는 자신의 한계를 인정하고 더 큰 통찰력과 수준 높은 정신을 얻게 된다.

Chapter 8

투자 성공을 위한 만고불변의 진리는 없다

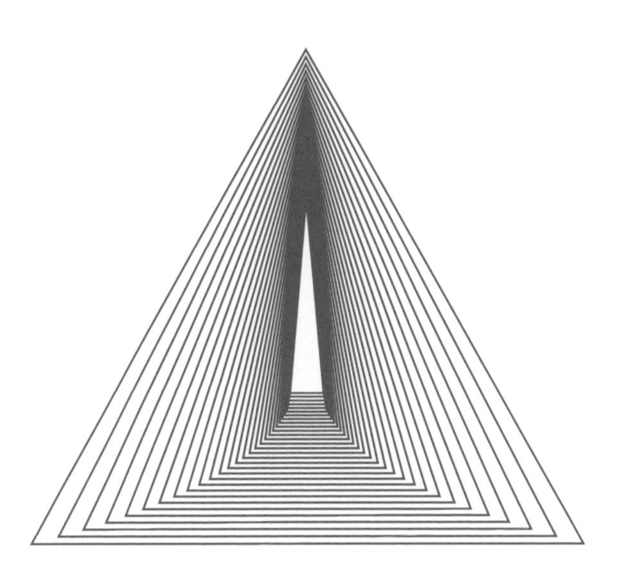

A m b i t i o n

A m b i t i o n

엠비션은 변화를 받아들이는 유연함에서 생긴다. 투자에서 성공을 이루려면 고정된 진리에 의존하지 말고, 끊임없이 배우고 적응해야 한다. 진정한 야망을 가진 자는 변화하는 환경 속에서 기회를 찾고, 그 기회를 통해 성공을 이룬다. 포부를 이루기 위해서는 항상 새로움을 추구해야 한다.

1

당신만의 스노우 볼을 굴려라

> **"복리는 작은 눈덩이를 굴려 큰 눈덩이를 만드는 것과 같다. 중요한 것은 습기 머금은 눈과 긴 언덕을 찾는 것이다."**
> – 워런 버핏

워런 버핏의 이 말은 복리의 마법과 그 원리를 명확하게 설명하면서도 그의 투자 철학과 인생철학을 담고 있다. 작은 시작이 얼마나 큰 결과를 가져올 수 있는지를 눈덩이 굴리기에 비유한 것은 매우 시사적이다.

복리는 작은 투자도 시간이 지나면서 점점 커질 수 있다는 원리를 바탕으로 한다. 이것은 투자뿐만 아니라 인생의 모든 측면에서 적용될 수 있는 중요한 원칙이다. 처음에는 작은 금액이나 노력이 큰 변화나 결과를 가져오지 않을 것처럼 보일 수 있다. 그러나 시간이 지나면서 이 작은 노력들이 쌓이고 점차적으로 더 큰 성과를 만들어 낸다.

버핏은 자신의 투자 경력을 눈덩이를 굴리는 것에 비유하면서 그가 14세 때 신문 배달을 하며 처음으로 작은 눈덩이를 만들었다고 회상한다. 이는 그의 첫 번째 투자이자, 돈을 모으기 시작한 계기였다. 그 후 그는 56년 동안 그 작은 눈덩이를 긴 언덕에서 조심스럽게 굴려 왔다. 여기서 중요한 것은 그가 '긴 언덕'을 강조한 점인데 긴 시간 동안 꾸준히 투자하고 복리의 효과를 최대한으로 활용했다는 것을 의미한다.

복리의 힘은 시간이 지남에 따라 더욱 강력해진다. 초기에는 작은 성과에 불과할 수 있지만 시간이 지남에 따라 성과는 기하급수적으로 증가한다. 이는 복리의 가장 큰 장점 중 하나다. 시간이 지남에 따라 이자가 다시 원금에 더해져 새로운 이자를 창출하기 때문에 장기적으로 볼 때 엄청난 성장 가능성을 가지고 있다. 버핏은 이 원리를 활용하여 자신만의 투자 전략을 구축하고 꾸준히 실천해 나갔다.

'잘 뭉쳐지는 습기 머금은 눈'의 중요성도 강조한다. 이는 투자에 있어서의 질과 선택의 중요성을 의미한다. 단순히 오랜 시간 투자하는 것만으로는 충분하지 않다. 좋은 투자 기회를 선택하고 그 투자들이 좋은 성과를 내는 것이 중요하다. 습기 머금은 눈은 쉽게 뭉쳐지고 굴릴 때 더 큰 덩어리로 성장할 수 있다. 마찬가지로, 좋은 투자 기회는 더 큰 성과를 내고 우리의 자산을 더 빠르게 불릴 수 있다.

또한 '진짜 긴 언덕'을 찾는 것이 중요하다고 강조하는데 시간의 중요성을 강조한 것으로 투자나 인생의 목표를 달성하기 위해서는 꾸준한 노력이 필요하다는 것을 의미한다. 단기간의 성과에 집착하기보다는 장기적인 목표를 설정하고 이를 달성하기 위해 지속적으로 노력하는 것이 중요하다. 긴 언덕은 우리가 충분한 시간 동안 꾸준히 투자할 수 있는 환경을 제공한다. 이를 통해 우리는 복리의 효과를 최대한으로 활용할 수 있다.

버핏의 스노우 볼 비유는 우리의 인생에서도 중요한 교훈을 준다. 작은 시작이 큰 변화를 가져올 수 있으며 꾸준한 습관의 형성이 필요하다. 또한, 좋은 기회를 선택하고 포착하는 데 한눈팔지 않고 장기적인 목표를 설정하는 것이 중요하다. 이는 투자뿐만 아니라 우리의 개인적 목표에도 적용될 수 있는 중요한 원칙이다. 우리는 성취 가능한 목표를 설정하고 이를 달성하기 위해 꾸준히 정진해야 한다. 처음에는 작은 성과에 불과할 수 있지만 시간이 지남에 따라 우리의 정진은 점차 큰 성과를 만들어 낼 것이다.

복리의 마법은 투자에만 국한되지 않는다

복리의 마법은 우리가 매일의 생활 속에서 작은 변화를 만들어 나가는 과정에서도 동일하게 적용될 수 있다. 작은 습관의 변화, 꾸준한 자기 계발, 지속적인 학습과 성장은 시간이 지나면서 큰 결과를 만들어 낼 수 있다. 이는 우리가 더 떳떳하고 수준 높은 통찰력을 가진 사람이 되고 더 행복한 삶을 살아가는 데 중요한 역할을 한다. 예를 들어, 매일 30분씩 독서를 하거나, 하루에 한 번씩 감사의 마음을 가지는 작은 습관은 시간이 지나면서 우리의 지력과 정서적 안정감을 크게 향상시킬 수 있다.

우리가 어려운 시기를 어떻게 극복할 것인가에 대한 중요한 통찰도 제공한다. 눈덩이가 커지는 과정에서 우리는 때때로 울퉁불퉁한 지형이나 예상치 못한 장애물을 만나게 된다. 이것은 우리의 인생에서도 마찬가지다. 우리는 때때로 실패와 좌절을 경험하게 된다. 그러나 중요한 것은 어려움을 어떻게 극복하느냐이다. 버핏은 긴 언덕을 굴러가는 눈덩이처럼, 우리는 끊임없이 앞으로 나아가야 한다고 강조한다. 앞에 쓰러져 갔던 수많은 사람들의 실패와 좌절을 통해 배움을 얻고 더 튼튼해질 기회로 삼아야 한다.

버핏의 투자 철학은 인내와 끈기의 중요성을 강조한다. 그는 단기적인 시장 변동에 휘둘리지 않고 장기적인 관점에서 투자 결정을 내렸다. 단기적인 성과에 집착하기보다는 장기적인 안목으로 바라보고 이를 달성하기 위해 자신을 통제하는 것이 중요하다. 긴 언덕은 우리가 충분한 시간 동안 꾸준히 투자할 수 있는 환경을 제공한다. 이를 통해 우리는 복리의 효과를 최대한으로 활용할 수 있다.

워런 버핏의 스노우 볼 비유는 복리의 마법과 그 원리를 명확하게 설명하는 동시에, 그의 투자 철학과 인생 철학을 반영한다. 작은 시작이 얼마나 큰 결과를 가져올 수 있는지를 눈덩이 굴리기에 비유한 것은 매우 시사적이다. 우리는 그의 인생 교훈을 통해 별것 아니었던 눈덩이가 인생에서 큰 변화를 가져올 수 있다는 것을 명심하고 다른 곳에 한눈팔지 않으며 눈덩이를 굴리는 데 주의 집중해야 한다. 이는 당신과 나의 인생을 더 즐겁고 만족스럽게 만들어 줄 것이다.

2

실생활에서도 안전 마진 개념을 적용하라

"안전 마진이란 실수나 예상치 못한 사건으로부터 당신을 보호해 주는 쿠션이다."
– 벤저민 그레이엄

벤저민 그레이엄은 대공황 당시 주식 시장의 폭락을 예측하고도 대비하지 못한 점을 자책한 것이 아니라 사치스러운 생활에 빠졌다는 사실을 자책했다. 그가 진정으로 후회한 것은 자신의 재정적 결정이 아니라 물질적 풍요에 집착하여 검소함을 잃었던 생활 방식이었다. 그레이엄은 물질적 행복을 얻는 진정한 열쇠는 어떠한 경제 상황에서도 버틸 수 있는 검소한 생활이라고 확신했다.

그레이엄은 주식 시장에서 '안전 마진'의 개념을 중요하게 여겼다. 이것은 주식의 내재 가치와 시장 가격 간의 차이를 의미하며 이 차이가 클수록 투자에 있어 안전하다는 뜻이다. 그는 이 개념을 자신의 재정 철학의 핵심으로 삼아, 투자 결정을 내릴 때 항상 안전 마진을 고려했다. 대공황을 경험하면서 깨달은 것은 이 안전 마진의 개념이 단지 투자에만 적용되는 것이 아니라 우리의 사생활에도 동일하게 적용될 수 있다는 점이었다.

그레이엄은 자신의 생활 방식을 돌아보며 검소한 생활이 얼마나 중요한지를 깨달았다. 검소함은 단순히 돈을 아끼는 것을 넘어 불필요한 사치와 낭비를 피하고 자신의 진정한 필요에 집중하는 삶의 태도이다. 이는 경제적 안정과 정신적 평화를 동시에 제공한다. 그레이엄은 검소한 생활이야말로 어떠한 경제적 변동에도 흔들리지 않는 삶의 기반이 된다고 믿었다.

검소한 생활은 여러 가지 이점을 제공한다. 첫째, 재정적 안전을 보장한다. 불필요한 사치를 줄이고 필요한 것에만 돈을 쓰면 우리는 더 많은 돈을 저축할 수 있고 경제적 위기 상황에서도 우리의 삶을 안정적으로 유지하는 데 큰 도움이 된다. 예를 들어, 예상치 못한 의료비나 실직 상황에서도 우리는 저축한 돈으로 버틸 수 있다.

둘째, 검소한 생활은 정신적 평화를 가져다준다. 물질적 풍요를 추구하는 삶은 끝없는 욕망과 비교로 인해 항상 불만족과 스트레스를 동반한다.

반면에, 검소한 생활은 자신에게 진정으로 중요한 것에 집중하게 하고 불필요한 욕망에서 벗어나게 한다. 이것은 우리의 정신적, 정서적 건강에 긍정적인 영향을 미치며 더 행복하고 만족스러운 삶을 살 수 있게 한다.

셋째, 검소한 생활은 미래의 불확실성을 대비하는 데 큰 도움이 된다. 우리는 항상 예기치 못한 상황에 직면할 수 있다. 경제적 불황, 건강 문제, 예상치 못한 사고 등은 언제든지 발생할 수 있다. 이러한 상황에서 검소한 생활은 우리의 재정적 안정성을 유지하는 데 중요한 역할을 한다. 우리는 비상 상황에 대비하여 여유 자금을 마련하고 불필요한 지출을 줄이며 재정적 위기를 효과적으로 관리할 수 있다.

그레이엄은 자신의 투자 철학에서 강조한 안전 마진의 개념을 사생활에서도 적용해야 한다고 믿었다. 이는 우리가 재정적으로 안전하고 정신적으로 평화로운 삶을 살기 위한 중요한 원칙이며 불확실한 삶을 예측 가능한 삶으로 만들어 준다.

안전 마진의 개념을 사생활에 적용하는 또 다른 방법은 목표 설정과 계획 수립이다. 우리는 장기적인 목표를 설정하고 이를 달성하기 위한 구체적인 계획을 세워야 한다. 이는 우리의 삶을 더 체계적이고 목표 지향적으로 만들어 주며 우리가 진정으로 원하는 것을 이루는 데 큰 도움이 된다.

또한, 계획을 세우고 목표를 달성하는 과정에서 우리는 불필요한 낭비를 줄이고 자원을 효율적으로 사용할 수 있다.

그레이엄의 경험은 우리에게 중요한 교훈을 준다. 물질적 풍요는 일시적인 만족을 줄 수 있지만 진정한 행복과 안정은 검소한 생활에서 온다는 것이다. 우리는 자신의 생활 방식을 돌아보고 불필요한 사치와 낭비를 줄이며 자신의 진정한 필요에 집중해야 한다. 그 과정에서 우리의 재정적 안정과 정신적 평화를 동시에 제공하며 더 행복하고 만족스러운 삶을 살 수 있게 한다. 그리고 미래에 닥쳐올 노년의 삶은 우리의 지난날에 대한 평가라고 할 수 있다.

이는 우리의 선택과 행동이 시간이 지나면서 어떤 결과를 초래했는지를 보여 주는 중요한 지표다. 젊은 시절에 건강한 생활 습관을 유지하고 재정을 체계적으로 관리하며 사회적 관계를 잘 유지해 온 사람들은 노년에 더 풍요롭고 만족스러운 삶을 누릴 수 있다. 반면에, 위의 요소들을 소홀히 한 사람들은 노년에 불행과 궁핍을 경험할 가능성이 높다.

이러한 관점에서 보면, 그레이엄을 통해 우리의 현재 모습을 다시 돌아볼 수 있다. 우리는 어떤 선택을 했고 그 선택이 어떤 결과를 초래했는지 반성하고 미래를 위해 무엇을 개선해야 할지 생각할 수 있다. 이것은 단순히 후회하는 것이 아니라 우리의 삶을 더 나은 방향으로 나아가게 하는 중요한 과정이다.

노년의 삶을 평가하는 것은 또한 우리에게 현재의 삶을 어떻게 살아야 할지에 대한 중요한 교훈을 준다. 우리는 현재의 선택과 행동이 미래에 어떤 영향을 미칠지를 고려하며 더 현명하고 신중하게 삶을 살아야 한다. 이는 재정 관리, 건강 관리, 사회적 관계 등 삶의 모든 측면에서 적용될 수 있다.

벤저민 그레이엄은 대공황 당시의 경험을 통해 검소한 생활의 중요성을 깨달았다. 그는 물질적 행복을 얻는 진정한 열쇠는 어떠한 경제 상황에서도 버틸 수 있는 검소한 생활이라고 확신했는데 경제적 안정과 정신적 평화를 동시에 제공하는 삶의 태도이다. 우리는 그의 교훈을 통해 자신의 생활 방식을 돌아보고 검소한 생활을 실천하며 더 안정적이고 행복한 삶을 살아야 할 것이다. 이는 우리의 재정적 안정과 정신적 평화를 동시에 제공하며 더 행복하고 만족스러운 삶을 살 수 있게 하는 중요한 원칙이다.

3

비트코인은 똥 덩어리다

"비트코인은 가치가 없는 가짜 금일 뿐이며,
그저 다른 바보가 나보다 더 비싸게 사 주기를 기다리는
비생산적인 자산이다."
– 찰리 멍거

워런 버핏의 단짝이자 가치 투자의 전설로 통하는 찰리 멍거는 2000년 버크셔 해서웨이 주주총회에서 체인 래더 또는 폰지 사기와 같은 수학적 기법들이 인터넷과 같은 일부 합법적인 기술의 발전과 혼합되면 끔찍하고 비이성적이며 나쁜 결과를 초래한다고 경고했다. 그는 '된장과 똥을 섞으면 결국 똥이 되지 않냐'며, 이런 조합은 결코 좋은 결과를 만들어 낼 수 없다고 비유했다.

2018년 주주총회에서는 비트코인과 암호화폐에 대해 더욱 강한 비판을 쏟아 냈다. 멍거는 비트코인을 그저 치매와 같다고 표현하며 암호화폐를 투자 대상으로 삼는 사람들을 역겹다고 비난했다. 그는 마치 "누가 똥을 거래하고 있는데, 나만 빠질 수 없지."라고 말하며 투자에 뛰어드는 것과 다름없다고 강하게 비판했다. 멍거는 암호화폐가 사기적이며, 아무런 실제 가치를 지니지 않는다고 주장했다.

멍거의 말을 빌려 비트코인이 왜 본질적으로 가치가 없는지에 대해서 적어 보겠다.

첫째, 비트코인은 내재적인 가치가 없다. 전통적인 투자 자산, 예를 들어 주식이나 부동산은 실질적인 수익 창출 능력이나 사용 가치를 기반으로 평가된다. 주식은 기업의 수익성에 따라 배당금을 지급하고 부동산은 임대료 수익을 제공할 수 있다. 반면에 비트코인은 실질적인 수익 창출 능력이 없다. 이것은 비트코인이 가치 저장 수단으로서의 기능을 제대로 수행하지 못한다고 보는 이유 중 하나다.

둘째, 비트코인은 거래 수단으로서의 유용성이 제한적이다. 비트코인은 높은 변동성 때문에 일상적인 거래에 사용하기 어렵다. 가격이 급격히 변동하기 때문에 비트코인을 이용한 거래는 매우 불안정하다. 또한, 상거래에서 통용되는 안정적인 화폐와는 거리가 멀다. 또한, 비트코인을 수용하는 상점이나 서비스 제공자는 여전히 소수에 불과하다.

셋째, 비트코인은 불법 활동의 도구로 사용되는 경우가 많다. 비트코인은 익명성을 보장하는 특성 때문에 탈세, 마약 거래, 자금 세탁, 테러 자금 조달 등 불법 활동에 자주 이용된다. 이것은 비트코인이 법적 및 윤리적 문제를 내포하고 있다는 점을 보여 준다. 여기서 파생되는 문제는 규제 당국의 감시와 제재를 불러일으킬 수 있으며 비트코인의 지속 가능성에 부정적인 영향을 미친다.

비트코인은 본질적으로 투기적이다

비트코인의 가격은 본질적인 가치가 아니라, 단지 수요와 공급에 따라 결정되며 투기적 투자자들의 심리에 크게 좌우된다. 이는 비트코인이 본질적으로 거품에 불과하다는 것을 의미한다.

암호화폐가 사회적 해악을 끼치며 금융 시스템의 안정성을 위협하고 범죄 활동을 조장하며 일반 투자자들에게 큰 손실을 초래할 수 있다. 또한, 암호화폐는 감당할 수 없는 급등과 급락을 반복하기에 도박과 성질이 같다고 볼 수 있다. 또한, 가치 투자와 전혀 부합되지 않기에 투자에 대한 이해도가 전혀 없는 바보 같은 투자이며 한 번의 실패로도 원금의 영구 손실을 입을 수 있는 위험한 배팅이다.

이러한 관점에서 실제 현인들의 말을 들어 보자. 멍거의 오랜 파트너이자 가치 투자의 대가인 워런 버핏은 암호화폐를 절대적으로 거부한다. 버핏은 "비트코인은 쥐약이다."라며 비트코인의 무가치함을 강조했다. 또한, 아마존의 제프 베조스와 마이크로소프트의 빌 게이츠조차 블록체인 기술의 잠재력은 인정하지만 암호화폐에 대해서는 회의적인 시각을 갖고 있다.

따라서 비트코인과 암호화폐에 대해 극도로 회의적으로 바라봐야 하며 누군가 투자를 권유한다면 단호히 반대해야 한다. 비트코인이라는 똥 덩어리는 파괴적이며 장기적으로 해를 끼칠 것이다. 앞서 언급한 투자 대가들의 경고는 우리에게 신중하고 합리적인 투자 결정을 내리도록 경고하는 역할을 한다.

4

탁월한 투자자는 뛰어난 변호사나 의사보다 귀하다

> **"가격은 당신이 지불하는 것이고, 가치는 당신이 얻는 것이다."**
> – 워런 버핏

투자자들은 항상 큰 돈을 벌 수 있는 방법을 원하며 이를 기술 또는 공짜 점심이라고 부르기도 한다. 모든 사람들이 원하는 것은 위험을 전혀 감수하지 않고 부자가 되는 것이다. 이는 투자에 대한 인간의 본능적인 욕망을 반영하는 것으로 많은 사람들이 빠른 부를 꿈꾸며 투자 세계에 뛰어든다. 그러나 대부분의 사람들이 기대하는 욕망이 얼마나 비현실적인지를 깨닫지 못한다. 현실은 냉정하다. 비법이나 기법 따위는 존재하지 않으며 어떤 투자 전략도 리스크 없이 수익을 내지 못한다.

투자 세계에서의 모든 기회는 위험을 수반하는데 단순한 경제 이론뿐만 아니라, 투자 역사에서도 반복적으로 증명되어 왔다. 위험을 전혀 감수하지 않고 안정적으로 수익을 내는 방법은 존재하지 않으며 '공짜 점심은 없다'는 경제학의 기본 원칙과도 일맥상통한다.

주식이나 코인 투자를 통해 돈을 많이 번 투자자들도 있다는 반론을 제기할 수 있다. 그러나 투자자 중 극소수에 해당하며 그들의 투자 성과가 단기적인 운으로 얻어진 것인지 아니면 정말 뛰어난 통찰력과 전략에 의해 얻어진 것인지는 알 수 없다.

투자에서는 운이 중요하게 작용할 수 있다

예를 들어, 동전을 던졌을 때 앞면이 열 번 연속으로 나오는 경우도 드물지만 있을 수 있다. 그러나 운 좋게 앞면이 계속 나왔다고 해서 열한 번째 동전이 앞면이 나올 것이라고 확신할 수는 없다. 만약 열 번의 투자가 모두 성공했다면 그 투자자는 아마도 영구적 손실을 입을 리스크를 크게 감수하고 투자했을 것이다. 이렇게 운 좋게 돈을 번 사람은 다음 투자에서 리스크를 줄이거나 레버리지를 낮추지 않을 가능성이 크다. 자신이 투자를 잘한다고 착각하기 때문이다. 결국 한 번의 실패로 인해 큰 손실을 보고 재기불능 상태에 빠질 위험이 있다.

따라서 우리는 재기 불능 상태에 빠질 정도의 투자 리스크는 절대로 감수해서는 안 된다. 투자의 세계에서 성공한 소수의 사례를 보고 무작정 따라 하다가는 큰 실패를 경험할 수 있다. 투자에서 중요한 것은 리스크 관리와 지속 가능한 전략을 수립하는 것이다.

이와 같은 이유로 단기적인 성과나 운에 의존하지 않고 장기적인 관점에서 안정적이고 지속 가능한 투자를 지향해야 한다. 과도한 레버리지 사용이나 지나친 리스크 감수는 결국 큰 손실을 초래할 수 있으며 개인의 재정 상태를 회복 불가능한 상태로 만들 수 있다. 투자에서 가장 중요한 것은 자신의 리스크 허용 범위를 정확히 이해하고 이를 넘어서지 않는 범위 내에서 투자하는 것이다. 리스크가 가장 적은 시기는 사람들이 투자를 꺼리고 부정적인 시각을 가질 때라는 사실을 기억해야 하며 리스크 관리와 전략적 접근이 장기적인 투자 성공의 핵심 요소이다.

많은 투자자가 대박이 가까이 있을 것이라는 믿음을 버리지 못한다. 결국 이 허황된 믿음은 종종 감당할 수 없는 영구 자본 손실로 이어진다. 이는 특히 고수익을 약속하는 투자 기회나 검증되지 않은 새로운 투자 수단에 쉽게 빠져드는 사람들에게서 흔히 볼 수 있다. 최근 몇 년 동안 많은 사람들이 비트코인과 같은 암호화폐에 투자했다.

암호화폐는 초기 투자자들에게 엄청난 수익을 안겨 주었지만 동시에 극심한 변동성과 불확실성을 동반했다. 많은 사람들은 암호화폐가 빠른 부를 안겨 줄 것이라는 기대감에 큰 돈을 투자했지만 시장의 급격한 하락으로 인해 막대한 손실을 입었다. 이것은 투자자들이 위험을 제대로 인식하지 않고 단기적인 이익에만 집착한 결과이다.

암호화폐 관련 폰지 사기도 많은 투자자들에게 큰 손실을 안겨 주었다. 대표적인 사례로는 '비트커넥트(BitConnect)' 사건을 들 수 있다. 비트커넥트는 고수익을 약속하며 투자자들을 끌어모았지만 실제로는 신규 투자자의 돈으로 기존 투자자에게 수익을 지급하는 전형적인 폰지 사기였다. 초기 투자자들은 고수익을 경험했지만 결국 비트커넥트는 붕괴했고 많은 투자자들이 큰 손실을 입었다.

비트커넥트 외에도 '플러스토큰(PlusToken)' 사건도 있다. 플러스 토큰은 중국에서 시작된 암호화폐 월렛이었으며 사용자들에게 고수익을 약속하며 많은 투자자를 끌어모았다. 그러나 단순히 새로운 투자자들의 자금을 기존 투자자들에게 지급하는 방식으로 운영된 또 다른 폰지 사기였다. 결국 플러스토큰의 운영자들은 사라졌고 수많은 투자자들이 큰 손실을 입었다. (이러한 암호화폐 폰지 사기는 최근 한국에서도 굉장히 유행하고 있다.)

우리는 이러한 사례들에서 중요한 교훈을 얻어야 한다.

첫째, 모든 투자에는 리스크가 따른다는 사실을 받아들여야 한다. 이는 기본적인 경제 원칙이며 이를 무시하면 큰 손실을 입을 수 있다. 둘째, 투자 결정을 내릴 때는 충분한 조사와 분석이 필요하다. 또한, 단기적인 이익에 집착하지 않고 거시적인 시각에서 투자를 바라보는 것을 의미한다. 셋째, 지나치게 좋은 투자 기회는 의심해 봐야 한다. 이것은 고수익을 약속하는 투자 기회는 대다수 사기이기 때문이다.

투자 세계에서 성공하기 위해서는 현실적인 기대를 가지고 철저한 분석과 신중한 결정을 내리는 것이 중요하다. 이는 단기적인 이익보다는 장기적인 성장을 추구하는 것을 의미한다. 또한, 투자자는 자신의 위험 감수 성향과 재정 상태를 고려하여 적절한 투자 전략을 세워야 한다. 이것은 감당할 수 없는 손실을 피하고 안정적인 수익을 추구하는 데 중요한 요소이다.

결론적으로 위험 없이 큰 돈을 벌 수 있는 비법은 존재하지 않는다. 모든 투자는 리스크를 수반하며 경제 원칙과 투자 역사에서 증명된 사실이다. 투자자들은 망상이 아니라 현실을 인식하고 신중한 투자 결정을 내리는 것이 중요하다. 대박의 꿈에 집착하지 않고 장기적인 시각에서 안정적인 성장을 추구하는 것이 성공적인 투자의 핵심이다. 그리고 투자자들은 지나치게 좋은 투자 기회나 고수익을 약속하는 사기에 절대 주의해야 한다. 이는 감당할 수 없는 손실을 피하고 지속 가능한 재정 성장을 이루는 데 필수적이다.

마지막으로 전 세계적으로 유명한 경제학자이자 월가의 현자로 표현되는 나심 탈레브가 책 『행운에 속지 마라』에서 표현했던 말을 인용하지 않을 수 없다.

"러시안 룰렛으로 1,000만 달러를 버는 것과 성실하고 솜씨 좋은 치과 의사가 1,000만 달러를 버는 것은 서로 다른 가치를 지닌다."

비록 똑같은 1,000만 달러로 같은 물건을 살 수 있지만, 한쪽은 무작위성에 크게 의존한다는 점에서 다르다. 회계사가 보기에 이 돈이 동일한 1,000만 달러일 수 있겠지만, 벌어들이는 과정을 놓고 보면 이 두 1,000만 달러는 질적으로 다를 수밖에 없는 것이다.

5

▼
▼
▼

남들이 다 하는 투자로 돈을 번다? 집어치워라

> **"투자의 어려움은 모든 것이 좋을 때는 누구나 투자할 수 있지만, 어려울 때는 정말로 투자할 수 있어야 한다는 것이다."**
> – 존 템플턴

저가 매수의 기회가 존재하기 위한 필수 조건은 자산에 대한 투자자들의 인식이 실제보다 훨씬 나빠야 한다는 것이다. 투자자들이 어떤 자산을 과소평가하고 있을 때 그 자산의 진정한 가치는 오히려 크게 잠재해 있을 가능성이 높다. 나 또한 사람들이 공포에 빠져 있었던 코로나19 시기에 부동산에 투자하여 큰 돈을 벌었다. 그 당시 대부분의 사람들은 부동산 시장이 붕괴할 것이라 믿었고 투자하기를 두려워했다. 그러나 나는 부정적인 인식 속에서 기회를 발견했다. 결국 최고의 기회는 대부분의 다른 사람들이 찾지 않는 것 중에서 발견할 수 있다.

모두가 어떤 자산에 호감을 가져서 기꺼이 투자를 한다면 그 자산의 가격은 이미 높이 올라가 있을 가능성이 크다. 투자자들이 몰려들어 가격이 상승한 자산은 더 이상 저가 매수의 기회가 아니다. 이는 시장의 기본 원리에 기인한다. 수요가 증가하면 가격도 함께 상승하기 마련이다. 따라서 성공적인 투자를 위해서는 대중의 인식과 반대되는 결정을 내릴 줄 알아야 한다.

저가 매수의 기회를 찾기 위해서는 깊은 분석과 철저한 연구가 필요하다. 단순히 다른 사람들이 두려워하는 자산을 무턱대고 사들이는 것이 아니라 그 자산의 본질적인 가치를 파악하고 현재의 부정적인 인식이 얼마나 근거가 있는지를 판단해야 한다. 그리고 이 과정에서 객관적인 시각을 유지하고 감정에 휘둘리지 않는 것이 중요하다.

코로나19 시기 부동산 투자로 큰 돈을 벌 수 있었던 이유는 당시의 부정적인 인식이 과장되어 있었다고 판단했기 때문이다. 나는 사람들이 두려워하는 동안에도 부동산 시장의 기초 체력과 장기적인 전망을 긍정적으로 보았다. 결국, 다른 사람들이 공포에 사로잡혀 있는 동안 나는 오히려 그 공포를 기회로 삼아 투자를 결심했다.

시장은 언제나 변동성이 존재하며 투자자들의 심리는 쉽게 변한다. 따라서 저가 매수의 기회를 포착하기 위해서는 항상 시장을 주시하고 변화하는 상황에 민감하게 반응해야 한다. 또한, 충분한 자금과 인내심을 갖추는 것도 필수적이다. 저가 매수의 기회는 흔치 않으며 나타났을 때 이를 제대로 활용하기 위해서는 준비된 자세가 필요하다.

중요한 것은 저가 매수의 기회를 찾기 위해서는 투자자들의 인식이 실제보다 훨씬 나쁜 상태여야 한다. 최고의 기회는 대부분의 다른 사람들이 찾지 않는 곳에서 발견할 수 있으며 시장의 기본 원리에 따른 것이다. 모두가 호감을 갖는 자산은 이미 고평가되어 있을 가능성이 크기 때문에 오히려 대중이 외면하는 자산에서 진정한 가치를 찾아내는 것이 성공적인 투자의 핵심이다.

6

광기와 붕괴 그리고 패닉의 군중심리

"투자는 쉬운 일이 아니다.
하지만 올바른 원칙을 따르면 그 어려움은 극복할 수 있다."
— 레이 달리오

실패한 투자는 가격과 가치 사이의 관계가 철저히 무시된 채 발생하는 거품을 아무 생각 없이 좇아가는 것이다. 이러한 투자 방식은 단기적인 이익을 좇아 비합리적인 결정을 내리며 결과적으로 큰 손실을 초래할 가능성이 크다. 가격이 상승하면 더 많은 사람들이 그 자산을 매수하게 되고 다시 가격 상승을 부추긴다. 이러한 현상은 결국 자산의 실제 가치와 무관하게 가격이 급등하는 거품을 형성하게 된다.

소수의 현명한 투자자들은 거품을 경계하며 가격과 가치 사이의 관계를 잊지 않는다. 이들은 공포에 질린 사람들이 헐값에 던지는 자산을 주의 깊게 관찰하고 그 자산의 본질적인 가치를 평가한다. 만약 그 가치가 가격보다 훨씬 높다고 판단되면 이들은 그 자산을 매수한다. 이렇게 하여 현명한 투자자들은 시장의 두려움을 기회로 삼아 수익을 내기 시작한다. 이들은 감정에 휘둘리지 않고 객관적인 분석을 통해 투자 결정을 내린다.

시간이 지나면서 다른 사람들도 진실을 깨닫게 된다. 그들도 가치가 있는 자산을 헐값에 매수하려는 현명한 투자자들의 전략을 따르기 시작한다. 이에 따라 자산의 수요가 증가하고 자연스럽게 자산의 가격이 오르게 된다. 그러나 가격이 어느 정도 오르면 멍청한 투자자들이 시장에 뛰어든다. 이들은 자산 가격의 적정성을 전혀 고려하지 않고 단지 가격이 계속 오를 것이라는 가능성에 격양되어 자산을 매수한다.

이 상황에서 흥미로운 점은 일반적으로 어떤 물건의 가격이 오르면 사람들은 이를 덜 찾기 마련이지만 투자에서는 가격이 오를수록 더 많은 사람들이 그 자산을 찾는 경향이 있다는 것이다. 이는 인간 심리의 역설적인 측면을 보여 준다. 자산의 가격이 상승할수록 투자자들은 더 큰 수익을 기대하며 매수에 열을 올리게 된다. 이런 역설적인 행동은 거품을 더욱 키우게 되고 자산 가격이 본질적인 가치보다 훨씬 높아지게 만든다. 이러한 행동은 결국 거품의 붕괴를 불러오고 많은 투자자들이 큰 손실을 입게 된다.

멍청한 투자자들이 자산 가격의 적정성을 고려하지 않고 무작정 뛰어드는 이유는 단기적인 수익에 대한 지나친 욕심 때문이다. 이들은 과거의 상승세만을 보고 미래에도 가격이 계속 오를 것이라 착각한다. 그러나 시장은 항상 변동성이 있으며 단기적인 가격 상승이 영원히 지속될 수는 없다. 결국 거품이 터지게 되면 이들은 자신이 투자한 자산의 실제 가치가 가격보다 훨씬 낮다는 사실을 깨닫게 되고 큰 손실을 보게 된다.

대부분 투자자들은 군중심리에 쉽게 휘말린다

군중이 특정 자산에 열광하면 이들은 그 자산이 안전하고 수익성이 높다고 착각하게 된다. 착각은 자산 가격을 비정상적으로 높이 올리며 거품이 형성된다. 그러나 군중심리에 휘말려 비이성적인 결정을 내리면 결국에는 큰 손실을 피할 수 없게 된다. 거품이 붕괴될 때, 많은 사람들이 자산을 급하게 매도하려고 하면서 가격은 급락하게 되고 시장에 큰 충격을 준다.

이로 인해 당신의 피 같은 돈은 영구 손실을 보게 된다. 거품이 붕괴되면 가격이 급격히 하락하면서 자산의 실제 가치보다 훨씬 낮은 가격에 거래될 수 있다. 이는 투자자들이 큰 손실을 입게 만들며 많은 사람들이 자산시장에서 퇴출당하는 결과를 초래한다. 따라서 성공적인 투자를 위해서는 가격과 가치 사이의 관계를 항상 염두에 두고 단기적인 이익에 현혹되지 않는 것이 중요하다.

성공한 가치 투자는 자산의 본질적인 가치를 평가하고 그 가치가 가격보다 높을 때 매수하는 것이다. 반면, 내 재산을 망치는 투자는 가격이 오르는 것만을 보고 무작정 자산을 매수하는 것이다. 이는 결국 큰 손실을 불러오게 된다. 현명한 투자자는 공포에 질린 사람들이 던지는 자산을 기회로 삼아 수익을 내지만 멍청한 투자자는 단기적인 이익에만 집중하다가 결국 거품이 붕괴되면서 큰 손실을 입게 된다. 투자에서 성공하기 위해서는 가격과 가치 사이의 관계를 항상 고려하고 장기적인 시각에서 투자 결정을 내리는 것이 중요하다.

저가 매수의 기회를 찾아내기 위한 첫 번째 단계는 시장을 면밀히 관찰하는 것이다. 다양한 자산군에 대한 정보를 수집하고 그 자산들이 시장에서 어떻게 평가되고 있는지를 분석해야 한다. 이 과정에서 객관적 데이터를 기반으로 한 분석이 중요하다. 주관적인 감정이나 단기적인 시장 변동에 휘둘리지 않고 장기적인 시각에서 자산의 가치를 평가하는 능력이 필요하다.

두 번째 단계는 분석 결과를 바탕으로 저평가된 자산을 발견했을 때 신속하게 행동하는 것이다. 시장의 반응은 예측할 수 없기 때문에 기회는 언제든지 사라질 수 있다. 따라서 투자 결정은 신중하면서도 빠르게 이루어져야 한다. 이를 위해서는 사전에 충분한 준비와 계획이 필요하다. 자산을 매수할 자금을 확보하고 매수 후의 전략까지 구체적으로 세워 놓는 것이 좋다.

마지막으로, 저가 매수의 기회를 활용하기 위해서는 인내심과 꾸준한 노력이 필요하다. 저평가된 자산은 당장 그 가치가 드러나지 않을 수 있다. 시간이 지나면서 시장이 그 가치를 재평가할 때까지 기다리는 인내심이 필요하다. 또한, 매수 후에도 지속적인 관리와 모니터링이 필요하다. 시장 상황이 변할 때 적절한 대응을 하기 위해서는 꾸준한 관심과 노력이 필수적이다.

저가 매수의 기회는 쉽게 찾아오는 것이 아니다. 철저한 준비와 분석 그리고 꾸준한 노력이 합쳐져야만 얻을 수 있는 것이다. 투자자들이 공포에 질려 있을 때 그 속에서 기회를 발견하고 이를 활용할 줄 아는 능력이 성공적인 투자를 위한 핵심이다. 저가 매수를 통해 큰 성과를 이루기 위해서는 무엇보다도 시장의 인식과 반대되는 결정을 내릴 줄 아는 용기와 지혜가 필요하다. 여기서 얻어지는 능력은 단기간에 얻어지는 것이 아니라 지속적인 학습과 경험을 통해 길러지는 것이다.

7

성공적인 투자의 지혜로운 방법

"가격에 상관없이 강제로 매각해야 하는 사람으로부터 매수하는 것보다 더 좋은 투자는 없다."

– 하워드 막스

하워드 막스가 말한 이 명언은 투자에 있어 최고의 기회를 설명하고 있다. 나 또한 지금까지 최고의 투자를 했던 많은 경우, 이런 방식으로 큰 수익을 얻었다. 투자 기회는 다양한 이유로 발생하며 이는 투자자가 낮은 가격에 자산을 매수할 수 있는 최적의 순간을 제공한다.

강제 매각 상황은 여러 가지 이유로 발생할 수 있다. 금리 인상 및 경제 상황, 가치의 괴리, 개인의 재정적 어려움, 파산, 이혼, 세금 문제, 또는 기타 긴급한 자금 필요 등으로 인해 자산을 급히 매각해야 하는 경우가 있다.

긴급한 상황에서는 자산의 소유자가 시장 가격을 고려할 여유가 없기 때문에 자산을 헐값에 내놓는 경우가 많다. 투자자는 이와 같은 기회를 포착하여 자산의 본질적 가치를 평가하여 저렴한 가격에 매수함으로써 큰 수익을 얻을 수 있다.

강제 매각 상황에서 자산을 매수하는 것은 몇 가지 중요한 이점을 제공한다. 첫째, 투자자는 시장 가격보다 훨씬 낮은 가격에 자산을 매수할 수 있다. 이것은 자산의 내재 가치가 그대로 유지되기 때문에 향후 자산의 가격이 정상적으로 회복될 때 큰 수익을 기대할 수 있게 한다. 둘째, 매수 기회는 비교적 적은 경쟁 속에서 이루어질 가능성이 높다. 강제 매각 상황은 종종 긴급하게 발생하므로 투자자는 신속하게 결정을 내리고 거래를 완료할 수 있다.

내가 경험한 수많은 투자 사례 중 최고 경우는 보통 강제 매각 상황에서 이루어졌다. 예를 들어, 한 번은 개인 파산으로 인해 부동산을 급히 매각해야 하는 상황을 접하게 되었다. 해당 부동산의 소유자는 채권자들에게 빚을 갚기 위해 신속히 자금을 확보할 필요가 있었다. 나는 이 기회를 포착하여 시장 가격보다 훨씬 낮은 가격에 그 부동산을 매수할 수 있었고 상당한 수익을 올릴 수 있었다.

또 다른 사례로는, 한 건설회사가 자산 조정 과정에서 분양 부동산 수십 채를 헐값에 매각해야 하는 상황이 있었다. 건설회사는 회사의 안정화에 집중하기 위해 분양 부동산을 신속히 처분할 필요가 있었고 이를 위해 낮은 가격에 자산을 매각하기로 결정하였다. 나는 이 기회를 이용하여 그 자산을 매수하였고 이후 이 분양 부동산을 시장가에 매각함으로써 큰 이익을 얻을 수 있었다.

강제 매각 상황에서의 투자 기회는 매우 귀중하다. 이는 단순히 낮은 가격에 자산을 매수하는 것을 넘어, 시장의 비효율성을 활용하여 수익을 창출하는 것을 의미한다. 투자자는 기회를 포착하기 위해 항상 시장을 주시하고 변화하는 상황에 민감하게 반응해야 한다. 또한, 신속한 결정을 내리고 거래를 완료할 수 있는 준비가 되어야 한다.

물론, 투자 기회가 항상 성공을 보장하는 것은 아니다. 강제 매각 상황에서 매수한 자산이 기대만큼의 가치를 회복하지 못할 수도 있다. 따라서 철저한 사전 조사를 통해 자산의 내재 가치를 정확히 평가하고 리스크를 관리하는 것이 중요하다. 신중한 분석과 결단력을 통해서만 간간히 주어지는 기회를 성공적으로 활용할 수 있다.

결론적으로, 가격에 상관없이 강제로 매각해야 하는 사람으로부터 자산을 매수하는 것은 투자 세계에서 가장 좋은 기회를 제공한다. 기회는 낮은 가격에 자산을 매수할 수 있는 최적의 순간을 제공하며 시장의 비효율성을 활용하여 큰 수익을 창출할 수 있는 기회를 제공한다. 내가 경험한 최고의 투자 사례 중 많은 경우가 유사한 강제 매각 상황에서 이루어졌으며 나에게 큰 이익을 안겨 주었다. 따라서 투자자는 항상 시장을 주시하고 기회를 포착할 수 있는 준비가 되어 있어야 한다.

감사의 말

먼저, 하나님께 깊은 감사를 드린다. 그분의 인도하심과 은혜가 없었다면 이 책은 결코 완성될 수 없었을 것이다. 하나님께서는 날마다 끊임없는 영감과 열정을 주시고 어려운 순간에도 힘과 용기를 주셨다. 그렇기에 이 책의 찬사와 모든 영광을 하나님께 돌린다.

가족들에게도 감사의 마음을 전한다. 항상 믿고 지지해 준 어머니와 할머니께 감사한다. 가족들의 사랑과 헌신이 없었다면 지금의 나는 존재하지 않았을 것이다.

이 책을 출판하는 데 도움을 준 출판사와 편집자들에게도 감사의 마음을 전한다. 그들의 전문성과 헌신 덕분에 이 책이 더욱 완성도 높게 탄생할 수 있었다. 특히, 세심한 조언과 피드백을 아끼지 않은 편집자에게 깊은 감사를 전한다. 그들의 노력과 열정이 이 책의 질을 높이는 데 큰 역할을 했다.

여러 책 속의 멘토들에게도 감사의 마음을 전한다. 그들의 지식과 통찰력 덕분에 이 책의 내용이 풍부해졌고 많은 독자들에게 유익한 정보를 제공할 수 있었다. 직접 만나진 못했지만 그들은 책 속에서 힘든 순간에도 포기하지 않도록 격려해 주었고 항상 올바른 길을 제시해 주었다.

이 책의 초고를 읽고 귀중한 피드백을 제공해 준 지인들에게도 감사한다. 그들의 솔직한 의견과 제안 덕분에 이 책은 부족한 필력임에도 완성도 있게 다듬어질 수 있었다. 그들은 미처 보지 못한 부분을 지적해 주었고 보다 나은 방향으로 나아갈 수 있도록 도와주었다. 그들의 지지와 격려는 이 책을 완성하는 데 큰 힘이 되었다.

마지막으로, 이 책을 읽어 준 독자 여러분께 감사드린다. 졸작임에도 불구하고 끝까지 읽어 준 여러분의 인내와 관심에 진심으로 감사드린다. 처음 시작할 때의 열정과 중간중간 겪었던 어려움들을 극복하며 완성한 이 책이, 혹시 용두사미가 되어 실망을 드리지는 않았을까 걱정된다. 하지만 그럼에도 불구하고 이 책을 읽어 준 여러분께 깊은 감사를 드린다.

워렌 버핏은 2018년 골드만 삭스의 'Small Business 10,000' 행사에서 성공에 관한 중요한 교훈을 공유했다. 그는 로즈 블럼킨 여사의 일화를 소개하며, 소규모 사업가들에게 중요한 조언을 전했다. 이 조언은 나에게 큰 감동과 영감을 주었고, 작은 노력들이 모여 큰 성과를 이루는 원동력이 된다는 중요한 교훈을 새삼 깨닫게 해주었다.

"로즈 블럼킨 여사는 버크셔 해서웨이에 수천만 달러에 사업을 매각한 여성입니다. 그녀는 2,500달러를 세상에서 가진 전부로 시작하여 큰 성공을 이룬 인물입니다. 1917년에 시애틀에 정착했을 때, 그녀는 영어를 전혀 못했습니다. 적십자의 도움으로 포트 닷지로 옮겨졌고, 그곳에서 2년을 보냈습니다.

그녀의 표현에 따르면, 그곳에서의 생활은 마치 마네킹 같았다고 합니다. 언어를 습득하지 못해 의사소통이 불가능했기 때문입니다. 1919년, 그녀의 가족은 오마하로 이주하기로 결정했습니다. 다행히 오마하에는 작은 러시아 유대계 집단이 있어 그녀는 조금 더 고향에 있는 느낌을 받을 수 있었습니다.

첫째 딸이 학교에 다니기 시작했을 때, 딸은 학교에서 배운 단어들을 매일 집에 와서 엄마에게 가르쳤습니다. 블럼킨 여사는 이렇게 언어를 배우기 시작했습니다. 20년 동안 그녀는 돈을 저축하며 형제들과 부모님을 미국으로 데려왔습니다. 한 번에 50달러씩 들여가며 중고 의류를 팔아 돈을 마련했습니다. 이 동안 그녀는 네 명의 자녀를 두었고, 20년이 지난 1937년, 드디어

2,500달러를 모았습니다. 그리고 그녀는 자신의 꿈이었던 가구점을 차리기 위해 시카고로 가서 가구 매장을 열었습니다.

학교에 가본 적 없는 이 여성은 오직 2,500달러만으로, 여러분들과 같은 열정과 꿈을 가지고, 끊임없는 노력으로 꿈을 실현해 나갔습니다. 그녀의 사업은 점차 성장하였고, 1983년에 그녀는 사업을 6,000만 달러에 매각했습니다. 이 사업은 2018년 기준으로 15억 달러의 가치를 지니게 되었습니다. 현재 이 사업은 4대째 이어지고 있습니다. 블럼킨 여사는 103세가 될 때까지 저를 위해 일해주었고, 은퇴한 다음 해에 타계했습니다.

블럼킨 여사는 읽거나 쓸 줄 모르는 까막눈이었으며, 특별한 혁신 없이 오로지 성실하게 일했습니다. 그녀는 고객을 생각하고 낮은 마진으로 운영하면서 엄청난 사업을 일구어냈습니다. 그녀의 성공 비결은 간단했습니다. 고객을 기쁘게 하고, 동료들과 협력하며, 더 나은 길로 나아가게 만드는 사람들과 교류하는 것이었습니다. 이러한 사람들은 여러분의 인생을 훨씬 멀리 보내줄 것입니다.

믿기 어렵겠지만, 영어 한 자도 몰랐던 로즈 블럼킨 여사가 일군 사업은 현재 15억 달러의 가치를 지니고 있습니다. 초기 자본금 2,500달러 외에 추가 자본 투입은 없었으며, 사업은 자체적으로 점차 확장되었습니다.

저는 이 그룹을 정말 존경합니다. 8년 전 'Small Business 10,000'에 대해 들었을 때 깊은 감동을 받았습니다. 여러분들이 이룬 일들을 존경하며, 여러분의 능력을 개발하기 위한 끝없는 노력에 경의를 표합니다. 여러분의 앞날은 더욱 밝을 것이라고 확신합니다. 감사합니다."

책을 통해 전달하고자 했던 메시지가 독자 여러분에게 잘 전달되었기를 희망한다. 부족한 점이 많았겠지만 이를 통해 조금이나마 여러분의 생각과 삶에 긍정적인 영향을 미쳤다면 더할 나위 없이 기쁠 것이다. 앞으로도 독자 여러분의 기대에 부응하기 위해 끊임없이 노력할 것이다.